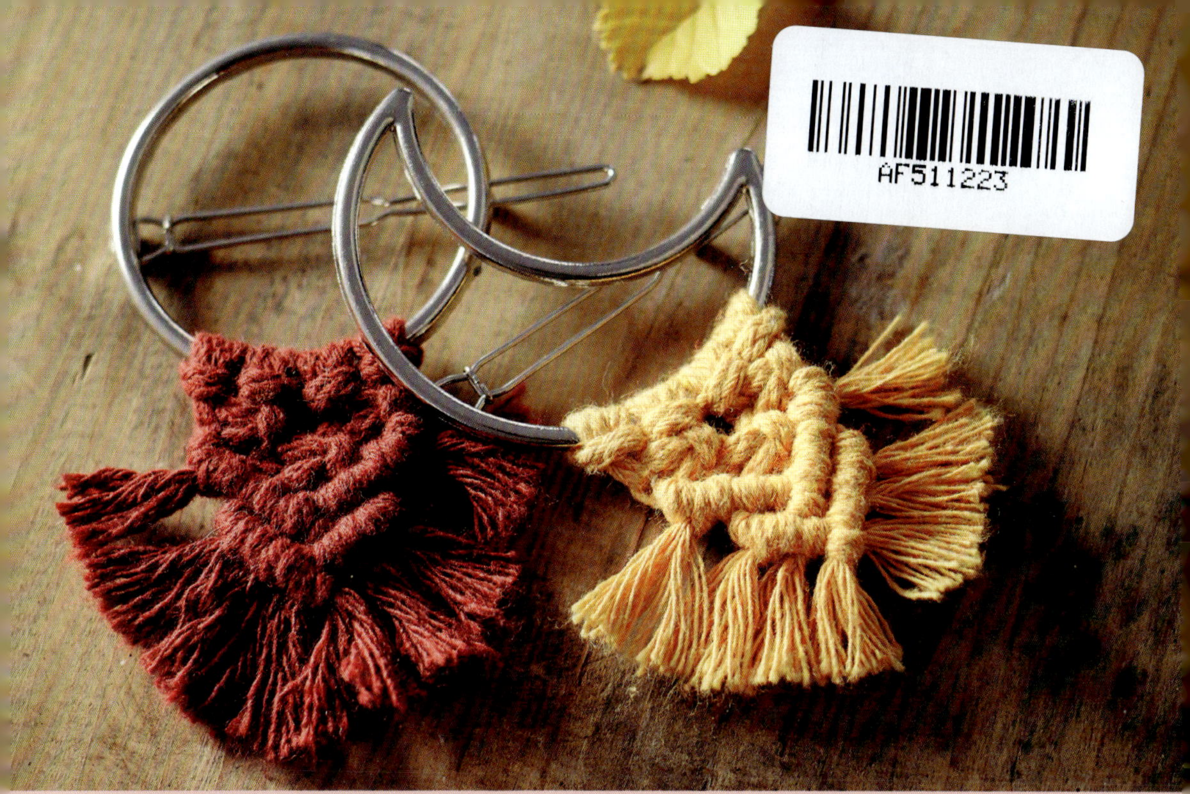

Makramee ist eine traditionelle Knotenkunst, deren Ursprünge bis ca. 3500 v. Chr. zurückreichen. Schon sehr früh wurden mithilfe von Knoten Ornamente, Schmuck und Kleidung hergestellt. Die Variationen haben sich dabei über die Jahrhunderte immer weiterentwickelt, sodass sich einfache bis sehr aufwendige Muster finden lassen.

Im Makramee gibt es verschiedene Knoten, die in unterschiedlichsten Kombinationen eine Vielzahl an Mustern ergeben. So ist es möglich, mit nur ein paar verschiedenen Handgriffen unglaubliche Kunstwerke in Größen von wenigen Zentimetern bis hin zu mehreren Metern zu erschaffen.

Makramee findet man heute oftmals als Deko-Elemente in Form von Wandbehängen oder Blumenampeln. Doch auch Schmuck und Accessoires können mit dieser Technik im Handumdrehen geknotet werden. In diesem Buch zeige ich Ihnen, wie Sie nicht nur Armbänder, sondern auch Ketten, Ohrringe, Haarschmuck und vieles mehr anfertigen können.

Viel Spaß beim Knoten wünscht Ihnen

Josephine Kirsch

Grundlegende Knoten

Ankerknoten

Mit dem Ankerknoten können Fäden an einem Objekt wie z. B. einem Holzstab oder einem Ring befestigt werden.

Ankerknoten von vorne geknotet:

1 Die beiden Enden eines Fadens zusammenlegen und die dabei entstehende Schlinge von oben hinter den Holzstab führen.

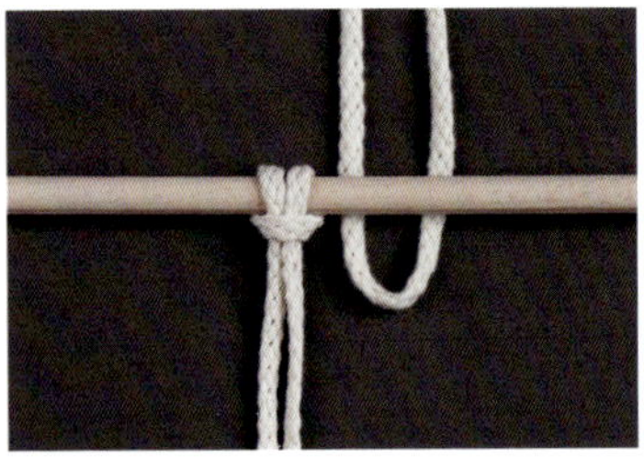

2 Nun die beiden Enden durch die Schlinge führen und straff ziehen.

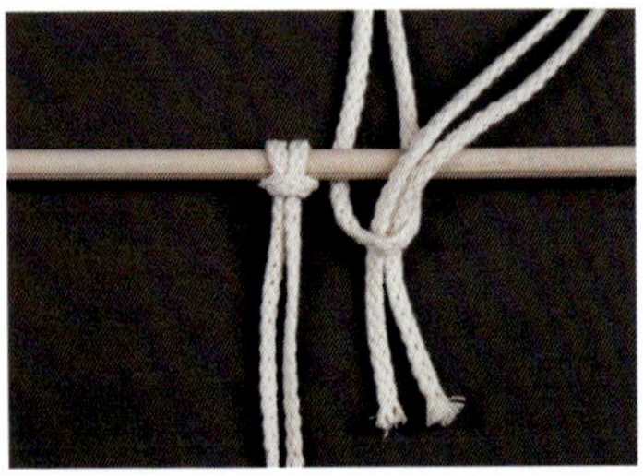

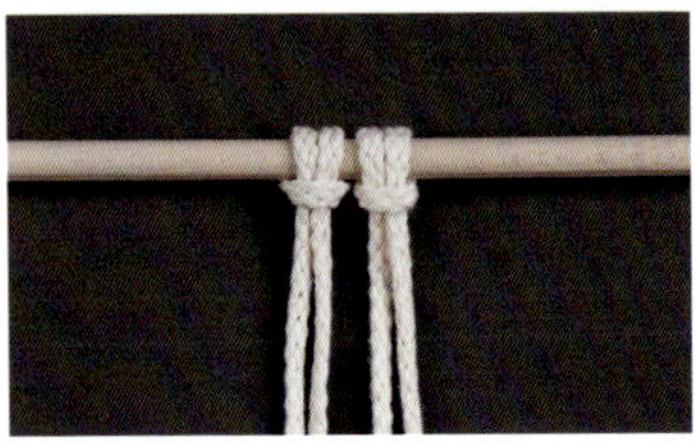

Ankerknoten von hinten geknotet:

1 Die beiden Enden eines Fadens zusammenlegen und die dabei entstehende Schlinge von unten hinter den Holzstab führen.

2 Nun die beiden Enden durch die Schlinge führen und straff ziehen.

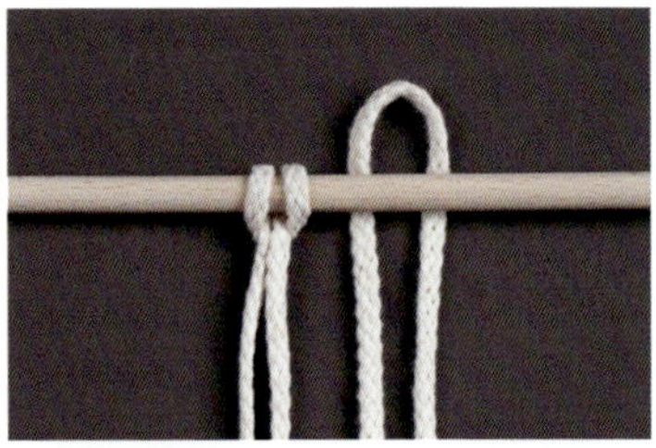

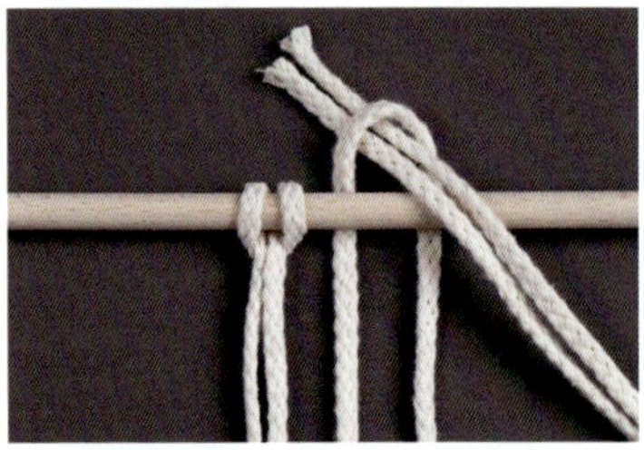

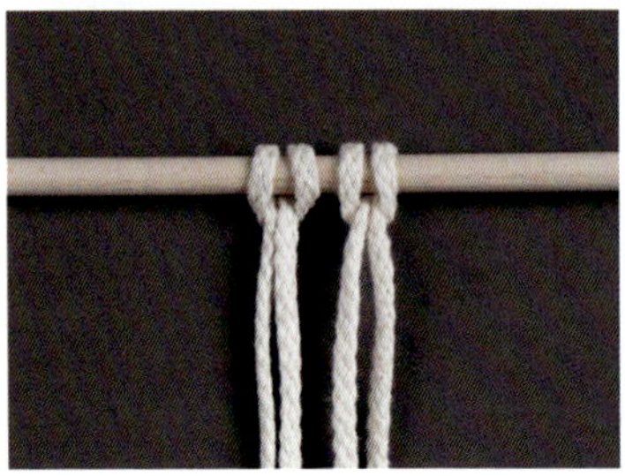

Wellenknoten

Der Wellenknoten ist ein halber Kreuzknoten und wird bei Makramee üblicherweise mit 4 Fäden geknotet. Die beiden mittleren Fäden sind die Trägerfäden. Diese sind passiv und es wird um sie herum geknotet. Die beiden äußeren Fäden sind Arbeitsfäden und mit ihnen wird aktiv geknotet.

1 Legen Sie den rechten Arbeitsfaden nach links über die beiden Trägerfäden.

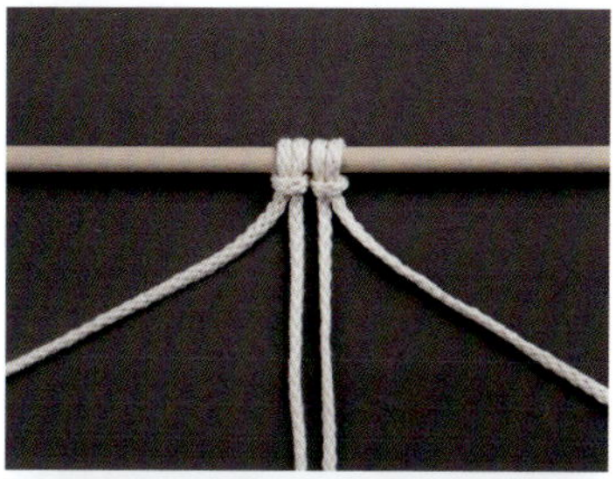

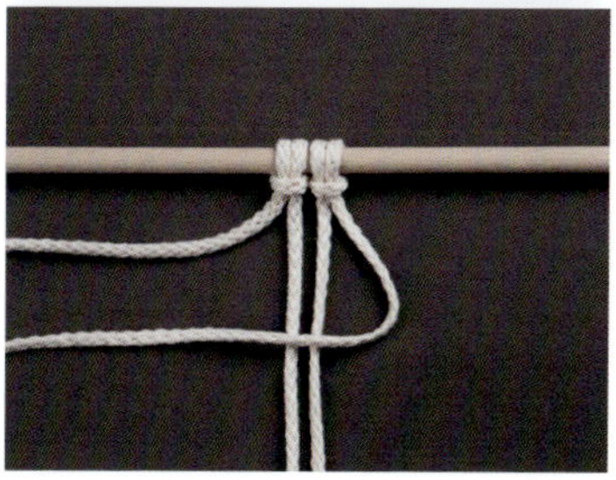

2 Nun legen Sie den linken Arbeitsfaden über den rechten Arbeitsfaden.

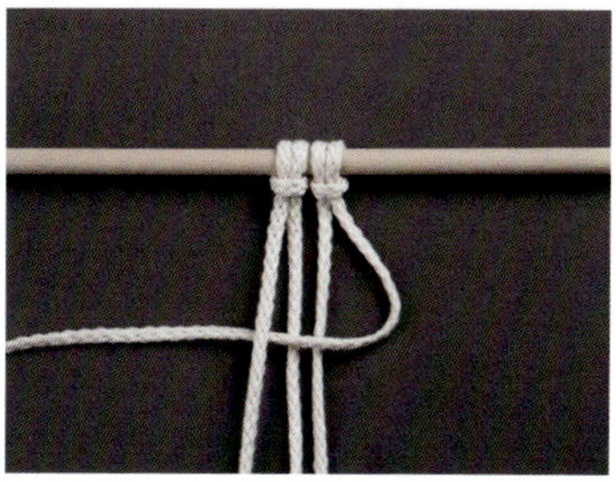

3 Führen Sie den linken Arbeitsfaden unter die beiden Trägerfäden und durch den Zwischenraum des rechten Arbeitsfadens und der Trägerfäden nach vorne.

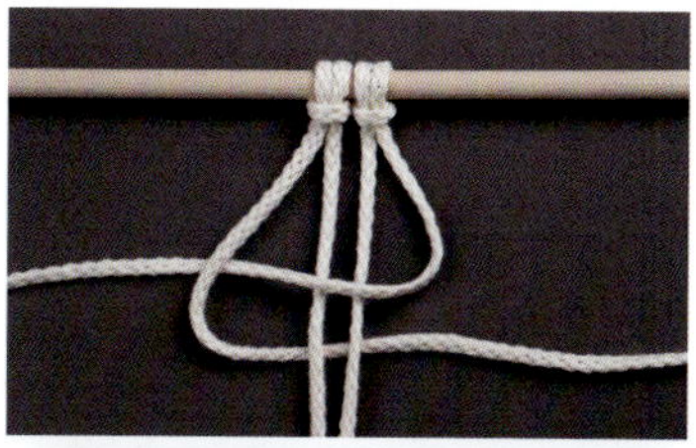

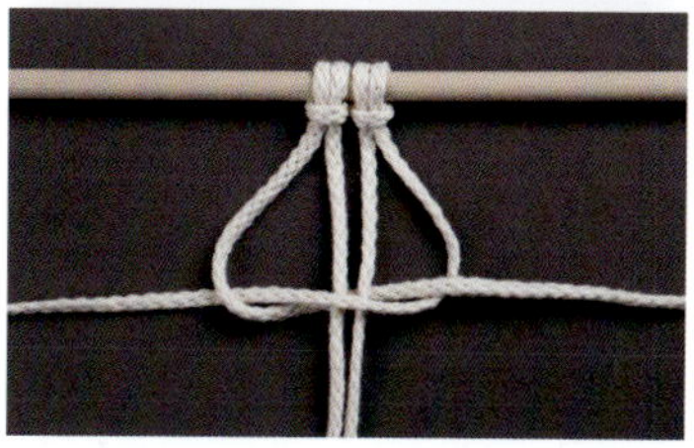

4 Ziehen Sie die beiden Arbeitsfäden senkrecht zu den Trägerfäden fest.

Mehrere Wellenknoten untereinander geknotet ergeben einen **gedrehten Strang.** Schieben Sie zwischendurch immer wieder die Knoten entlang der Trägerfäden zusammen, damit Sie einen einheitlichen Strang erhalten.
Je nachdem wie sehr Sie den Strang entlang der Trägerfäden zusammenschieben, verändert sich der Grad der Drehung des Strangs. Probieren Sie es aus!

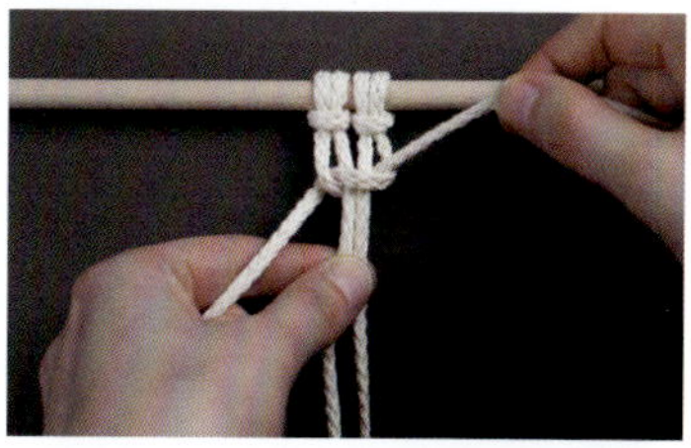

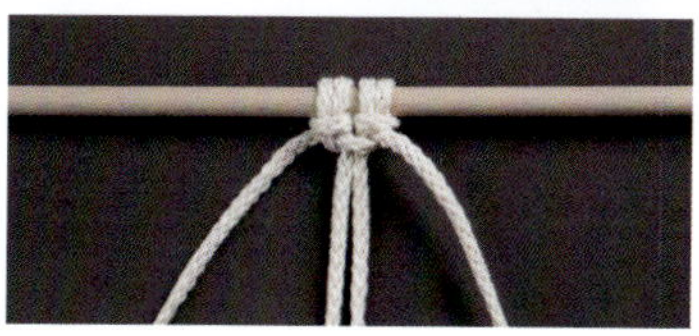

Links gelegter Kreuzknoten

Ein Kreuzknoten wird bei Makramee normalerweise mit 4 Fäden geknotet. Die beiden mittleren Fäden sind dabei die Trägerfäden. Diese sind passiv und es wird um sie herum geknotet. Die beiden äußeren Fäden sind Arbeitsfäden und mit ihnen wird aktiv geknotet.

1 Knoten Sie den Wellenknoten als ersten Teil des Kreuzknotens.

2 Wiederholen Sie die Schritte spiegelverkehrt. Dazu legen Sie den linken Arbeitsfaden nach rechts über die beiden Trägerfäden. Den rechten Arbeitsfaden über den linken Arbeitsfaden legen und diesen dann unter die beiden Trägerfäden durch den Zwischenraum des linken Arbeitsfadens sowie der Trägerfäden nach vorne führen.

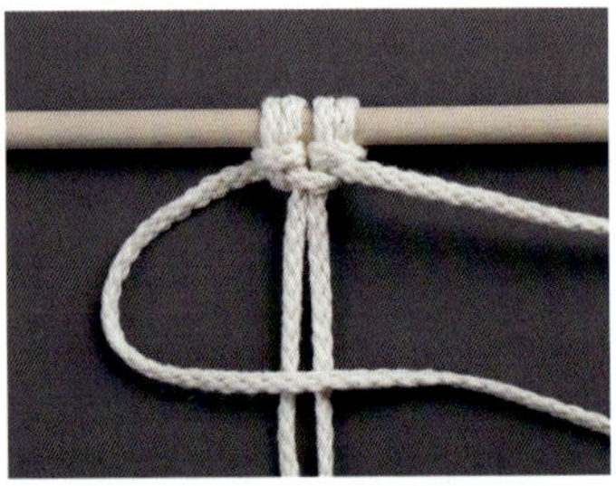

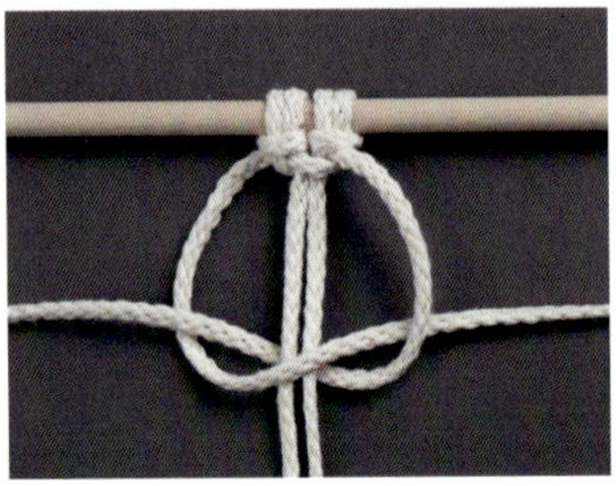

3 Ziehen Sie den zweiten Teil des Kreuzknotens fest.

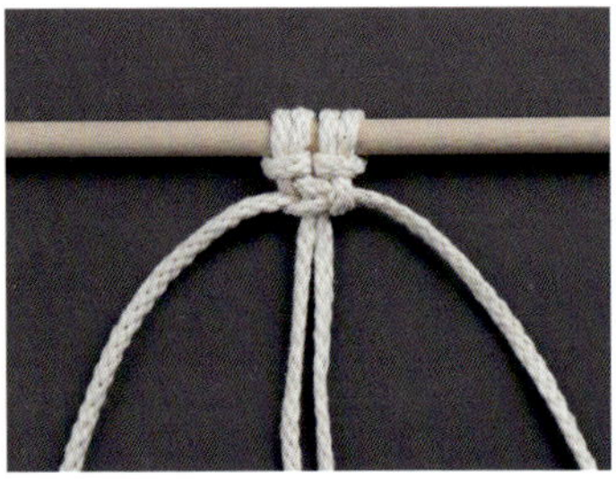

Mehrere Kreuzknoten untereinander geknotet ergeben einen glatten, gleichmäßigen Strang. Um ein gleichmäßiges Knotenbild zu erhalten, schieben Sie die einzelnen Knoten immer wieder entlang des Trägerfadens nach oben. Es sollte nur wenig der Trägerfäden zu sehen sein.

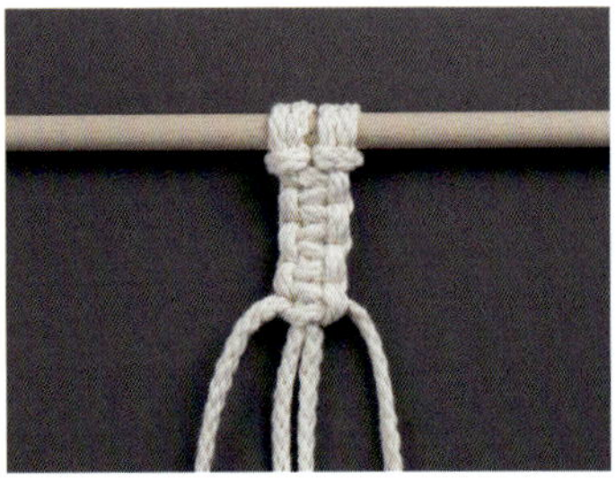

Rippenknoten

Mehrere Rippenknoten nebeneinander geknotet ähneln einer Rippe. Beim Rippenknoten werden mehrere Arbeitsfäden mit jeweils zwei halben Schlägen entlang eines Trägerfadens geknotet, um eine Rippe zu erhalten.

Man unterscheidet den **rechts und links geknüpften Rippenknoten.** Sie unterscheiden sich dahingehend, dass beim rechts geknüpften Rippenknoten die Arbeitsfäden nach rechts gehend und beim links geknüpften Rippenknoten nach links gehend über den Trägerfaden gelegt werden. Wird Ihre Rippe also von links nach rechts geknotet, handelt es sich um den rechts geknüpften Rippenknoten, wird sie von rechts nach links geknotet, handelt es sich um den links geknüpften Rippenknoten.

1 Halten Sie den Trägerfaden über die Arbeitsfäden straff in die Richtung, in die die Rippe verlaufen soll. Behalten Sie den Trägerfaden die ganze Zeit straff in der Hand und versuchen sie diese so wenig wie möglich zu bewegen. Knoten Sie nur mit der anderen Hand.

2 Legen Sie den ersten Arbeitsfaden locker über den Trägerfaden.

3 Führen Sie nun den Arbeitsfaden unter den Trägerfaden durch die eigene Schlaufe. Ziehen Sie den ersten halben Schlag entlang des Trägerfadens fest. Der erste halbe Schlag entscheidet über die Position des Knotens. Soll die Rippe direkt entlang der Knotenreihe zuvor geknotet werden, ziehen Sie den ersten halben Schlag fest, bis er direkt an der Knotenreihe davor liegt. Wird ein Zwischenraum gewünscht, so ziehen Sie den ersten halben Schlag nur so weit fest, dass er im gewünschten Abstand zur Knotenreihe davor liegt.

4 Für den zweiten halben Schlag werden die Schritte 2–3 wiederholt.

5 Ziehen Sie den zweiten Umschlag fest. Der zweite halbe Schlag fixiert den Rippenknoten.

Links **Rechts**

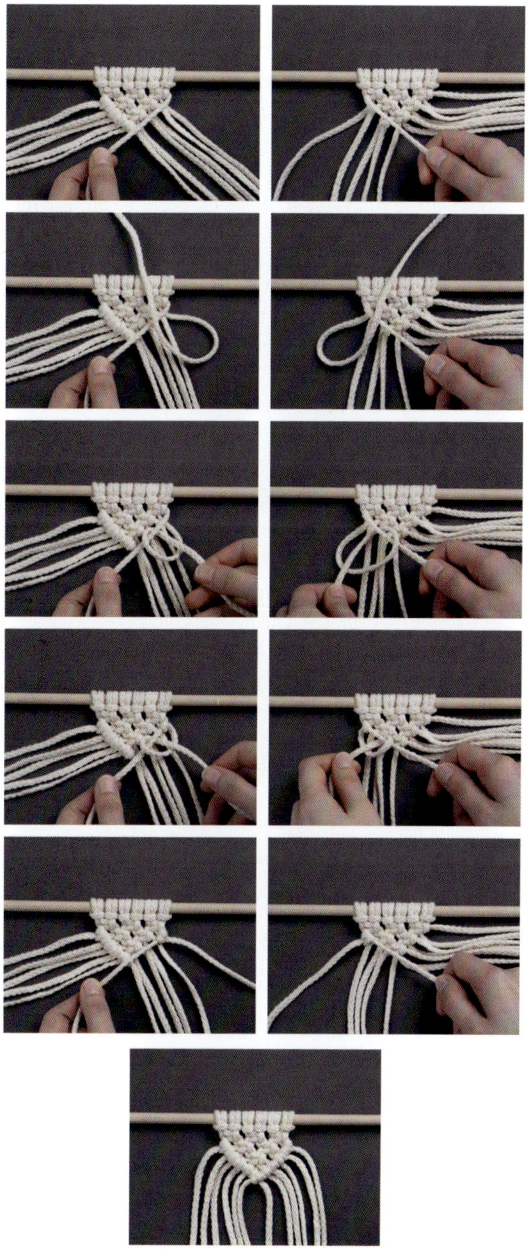

Wickelknoten

Mit dem Wickelknoten werden mehrere Stränge zusammengehalten.

1 Legen Sie das Fadenende eines extra Fadens nach oben auf die Stränge, die zusammengehalten werden sollen und führen Sie das andere Ende so nach oben, dass eine Schlaufe entsteht. Wenn es eine Vorder- und Rückseite gibt, legen Sie den zusätzlichen Faden auf der Rückseite auf alle Stränge.

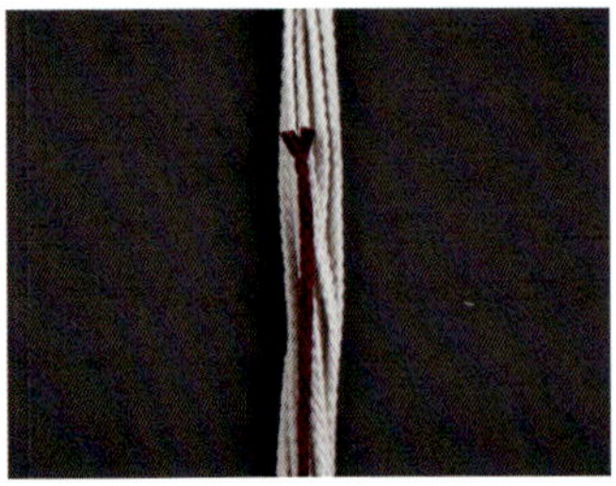

2 Wickeln Sie das lange Ende straff um alle Stränge sowie um das andere kurze Ende. Das lange Ende wickeln Sie nun mehrfach eng um alle Stränge und die Schlaufe, so dass immer weniger von der Schlaufe zu sehen ist.

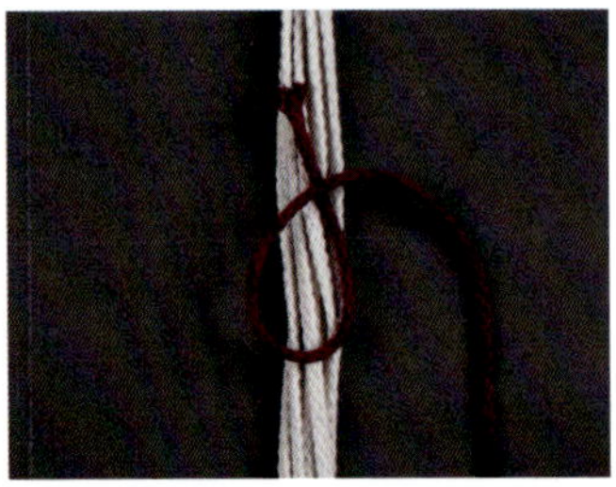

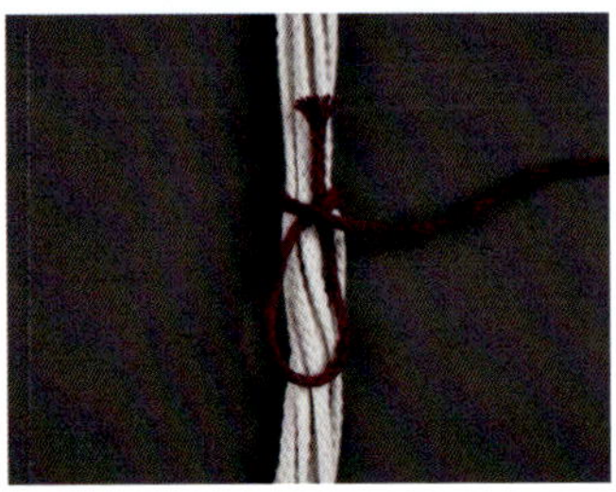

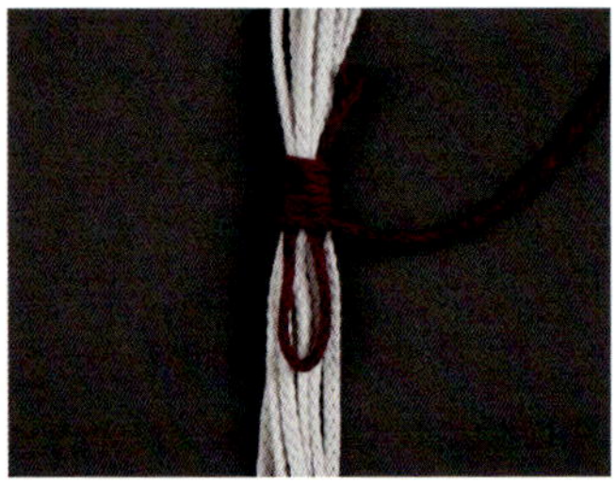

3 Wenn der Faden zu kurz wird oder Sie der Meinung sind, dass Sie genug umwickelt haben, führen Sie das Ende, mit dem Sie die ganze Zeit umwickelt haben, durch die Schlaufe.

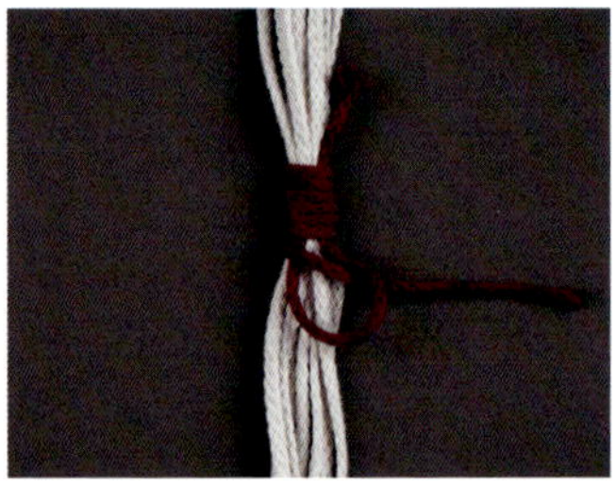

4 Ziehen Sie an dem oberen Fadenende um die Schlaufe zuzuziehen, sodass der durchgeführte Faden und die Schlaufe unter dem Umwickelten verschwinden. Wichtig: Ziehen Sie nicht so sehr, dass Sie die Schlaufe oben hervorziehen. Die Schlaufe sollte etwa auf der Hälfte unter dem Umwickelten liegen.

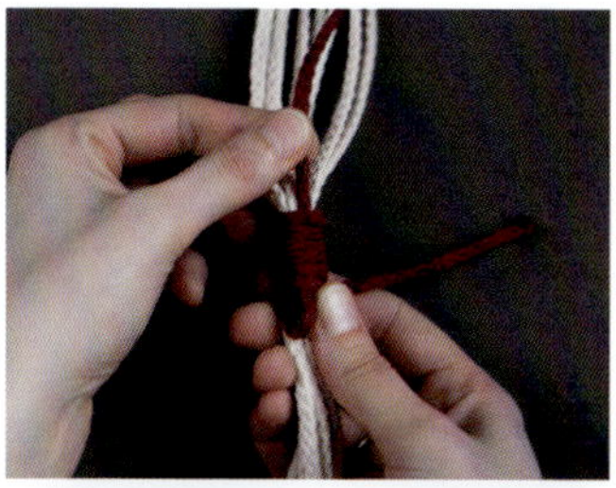

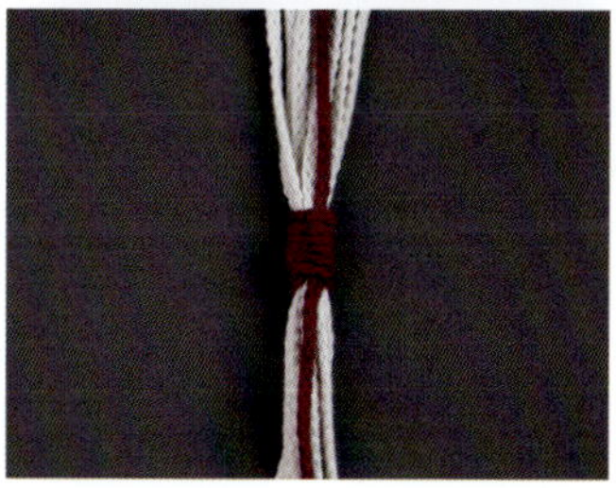

5 Schneiden Sie beide Enden bündig zum Wickelknoten ab.

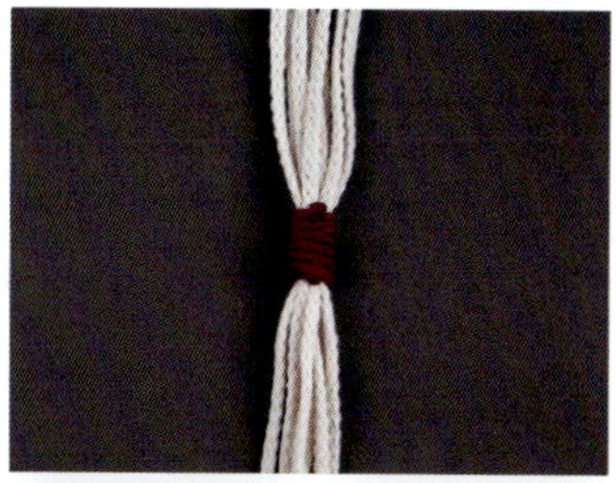

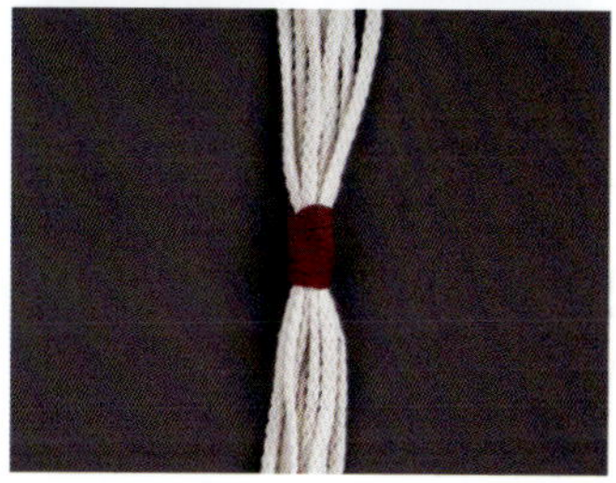

6 Mit farbigem Garn können Sie schöne Akzente setzen.

Feder-Ohrringe

Boho Vibes

MOTIVLÄNGE
ca. 9 cm

MATERIAL

- 2 Baumwollfäden in Pearl-Hellviolett, mehrfach gezwirnt, ø 3 mm, 18 cm lang (1 pro Ohrring)
- 22 Baumwollfäden in Pearl-Hellviolett, mehrfach gezwirnt, ø 3 mm, 14 cm lang (11 pro Ohrring)
- 2 Ohrhaken in Silber
- Schere
- Kamm

1 Für einen Ohrring den langen Faden mittig zusammenlegen und alle kürzeren Fäden mit einem einfachen Knoten untereinander fest um die beiden Enden des zusammengelegten Fadens knoten.

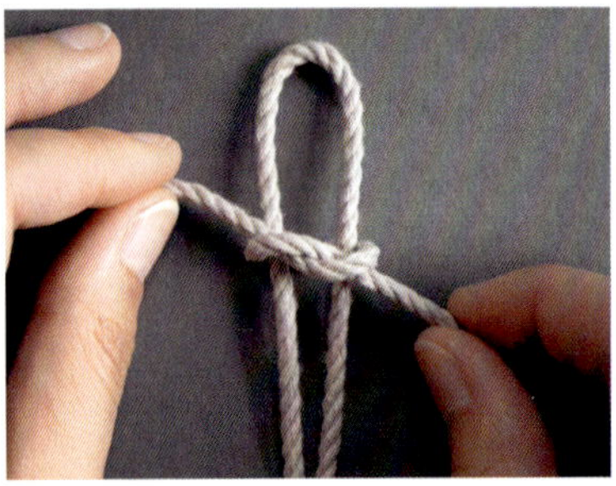

2 Die Fäden zusammenschieben, sodass die mittleren Fäden kaum noch zu sehen sind. Die Rückseite des Knotens ist die Vorderseite der Feder.

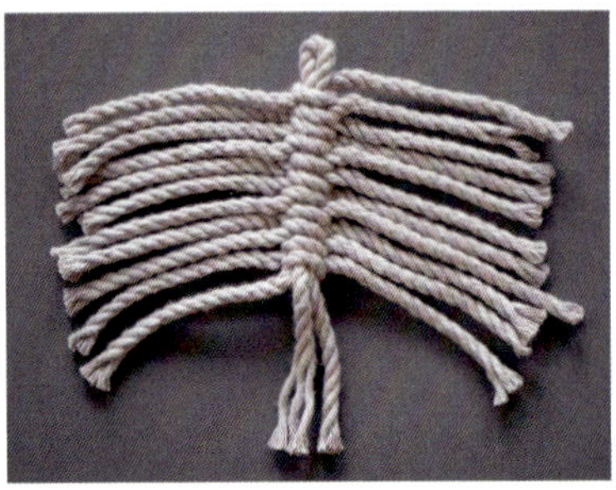

3 Die Enden auf etwa 4 cm Länge kürzen und aufkämmen. Es hilft, das Garn erst mit einer Stecknadel aufzutrennen und dann zu kämmen.

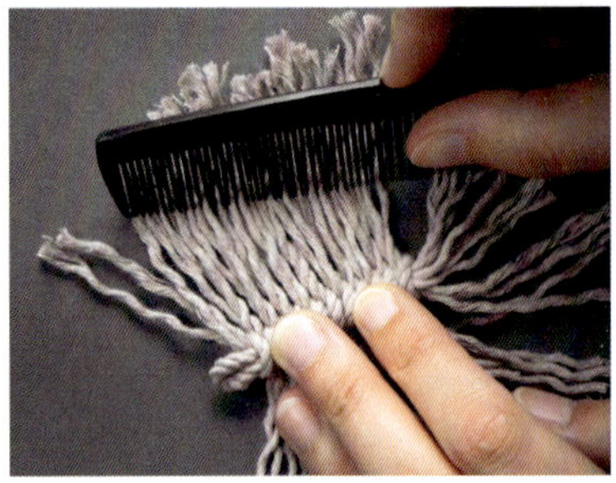

4 Die aufgekämmten Fransen in Form einer Feder schneiden.

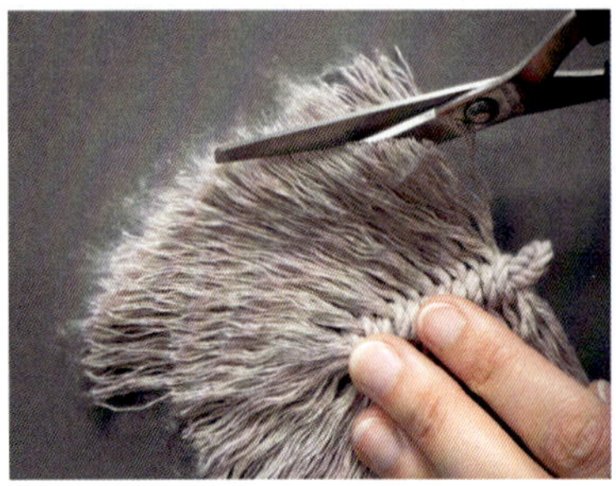

5 Die Feder in den Ohrhaken hängen. Für den zweiten Ohrring genauso verfahren.

Mein Tipp für Sie

Kleben Sie die Form der Feder mit (Krepp-)Klebeband vor und schneiden Sie sie dann außen an der Form entlang.

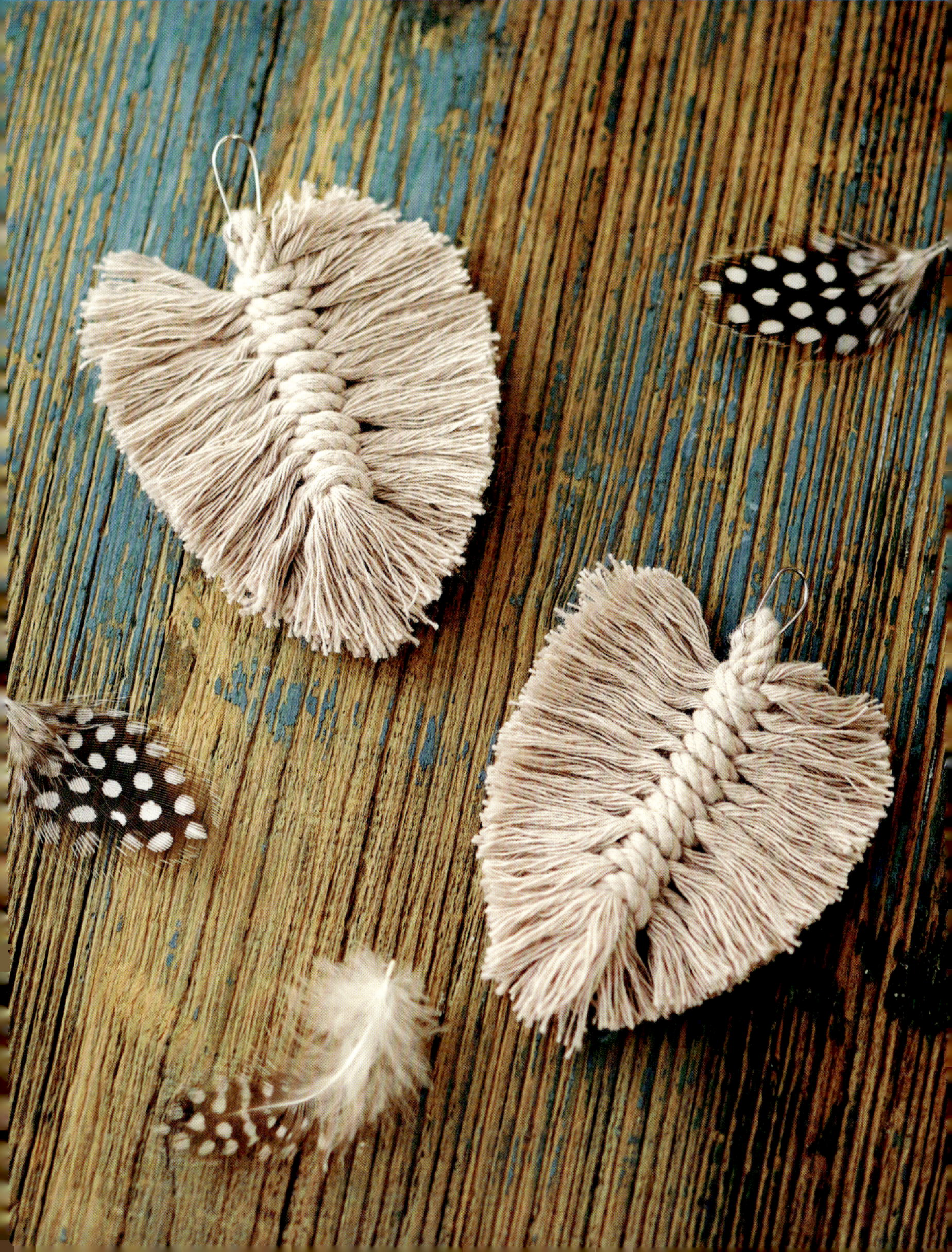

Taschenanhänger

süßer Hingucker

MOTIVLÄNGE

- ca. 11 cm (ohne Karabiner)

MATERIAL

- 6 Baumwollfäden in Natur, geflochten, ø 3 mm, 1 m lang
- Baumwollfaden in Purpurrot, ø 3 mm, 35 cm lang
- Karabiner in Silber, 4 cm breit
- Schere

1 Befestigen Sie die sechs Baumwollfäden mit dem von vorne geknoteten Ankerknoten am Karabiner.

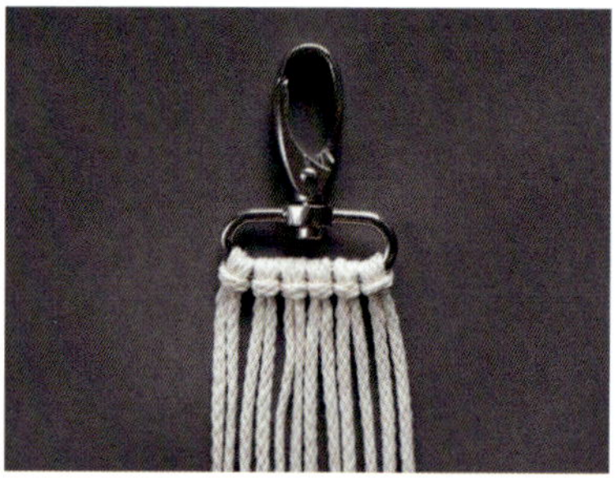

2 In der ersten Reihe werden mit allen zwölf Strängen drei Kreuzknoten nebeneinander geknotet.

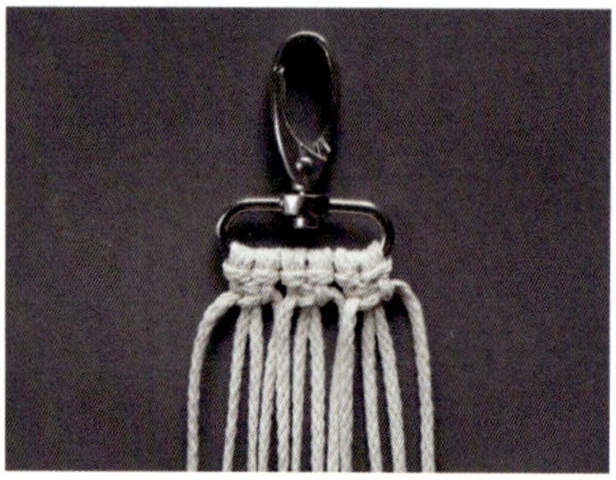

3 Es folgt eine Reihe mit versetzten Kreuzknoten. Legen Sie dazu die jeweils beiden äußeren Stränge zur Seite. Knoten Sie mit den restlichen acht Strängen zwei Kreuzknoten nebeneinander.

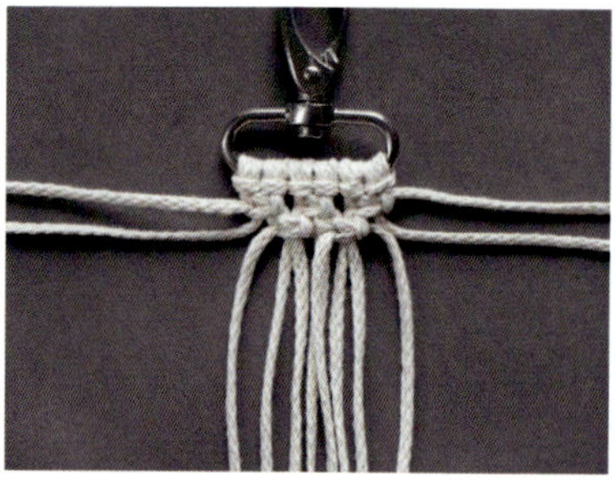

4 Wiederholen Sie Schritt 2 und 3. Legen Sie danach zusätzlich jeweils zwei weitere Stränge beiseite, sodass nun vier Stränge vor Ihnen liegen. Knoten Sie mit diesen einen Kreuzknoten.

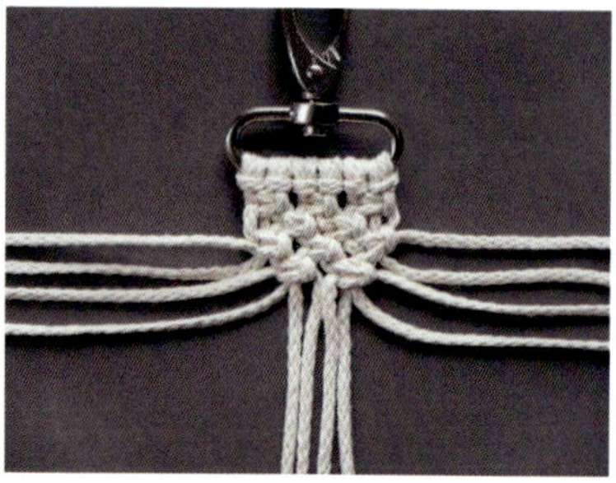

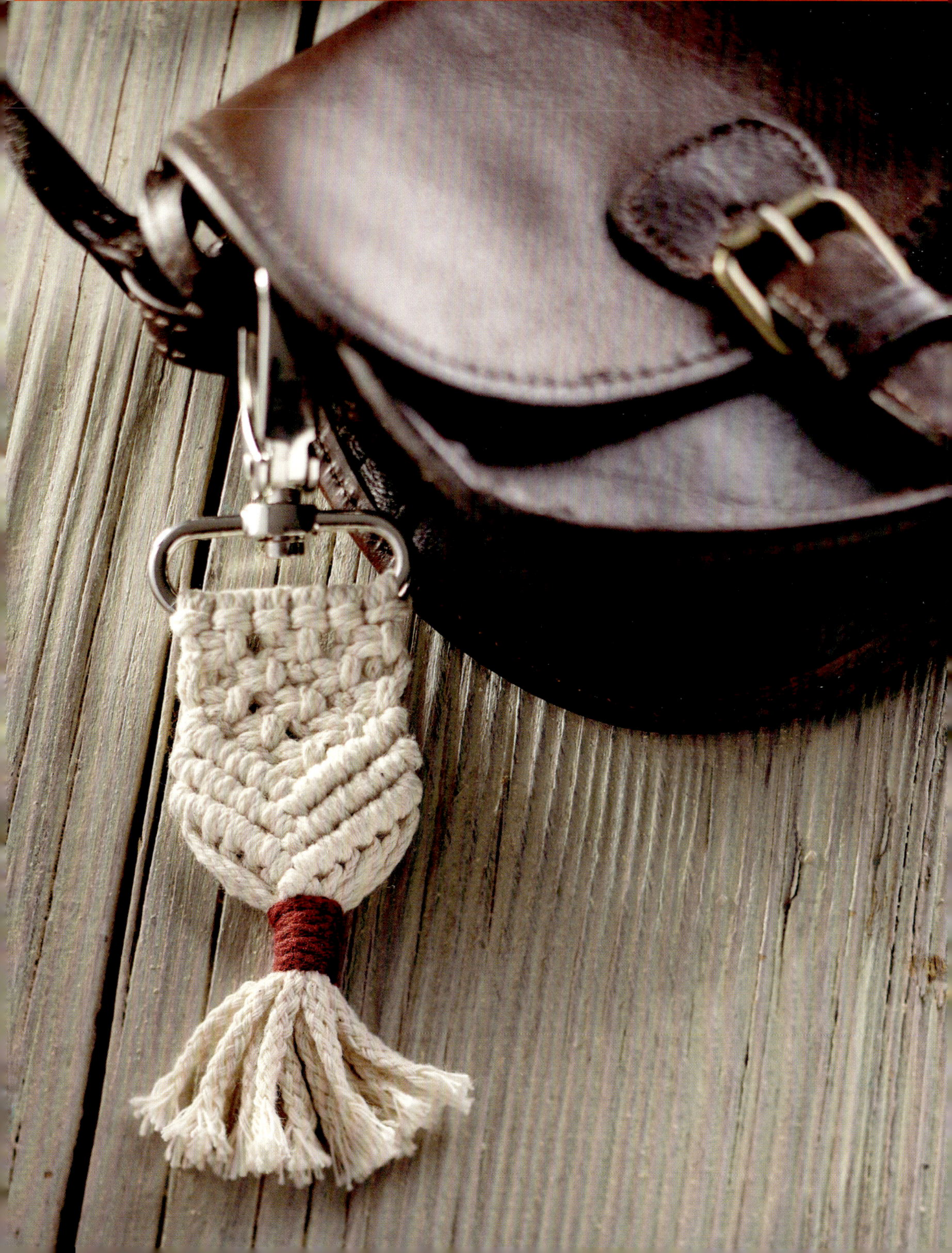

5 Die spitz zulaufenden Kreuzknoten werden nun von einer Reihe Rippenknoten umrandet. Teilen Sie dazu die Stränge in der Mitte auf, sodass jeweils sechs Stränge auf der rechten und linken Seite liegen. Legen Sie die Stränge auf der rechten Seite für den Moment weg. Der obere Faden der linken Seite fungiert als Trägerfaden und wird nach unten rechts in Richtung Spitze der Kreuzknoten gehalten. Mit den restlichen fünf Arbeitsfäden wird die Reihe Rippenknoten geknotet.

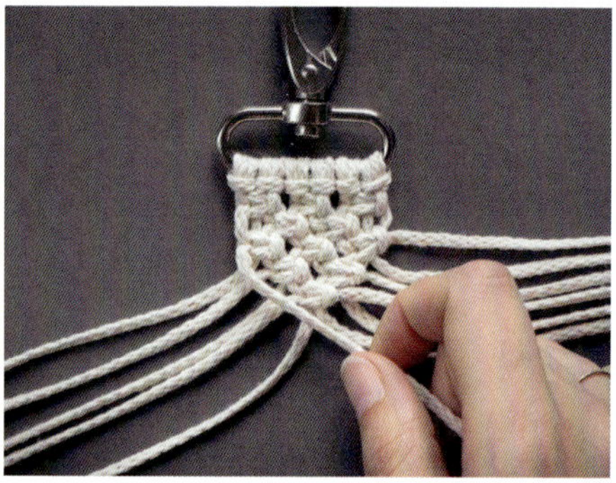

6 Wiederholen Sie Schritt 5 für die rechte Seite. Um die Rippenknotenreihe an der Spitze zu verbinden, fungiert der Trägerfaden der linken Seite als letzter Arbeitsfaden auf der rechten Seite, sodass Sie auf der rechten Seite mit sechs Arbeitsfäden knoten, statt mit fünf, wie auf der linken Seite.

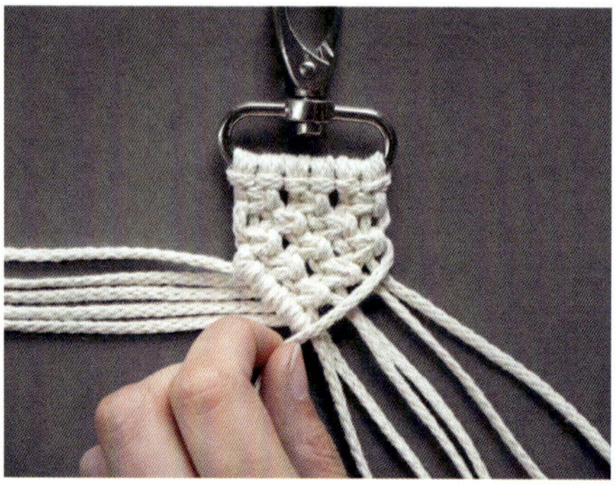

7 Wiederholen Sie Schritt 5 und 6 zwei weitere Male, sodass insgesamt drei Reihen Rippenknoten geknotet wurden.

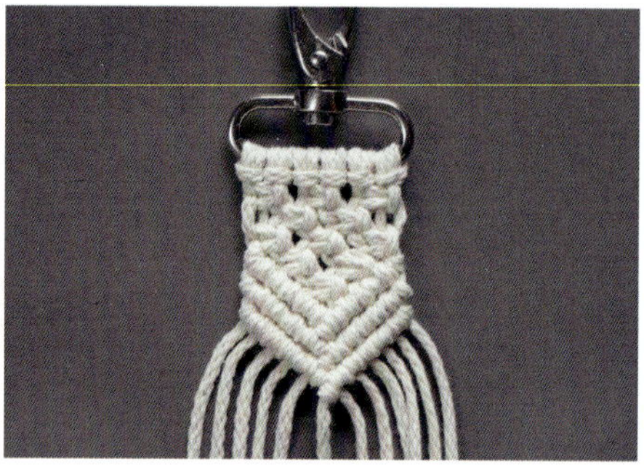

8 Die Stränge werden unter der letzten Reihe Rippenknoten mit dem Wickelknoten zusammengeführt.

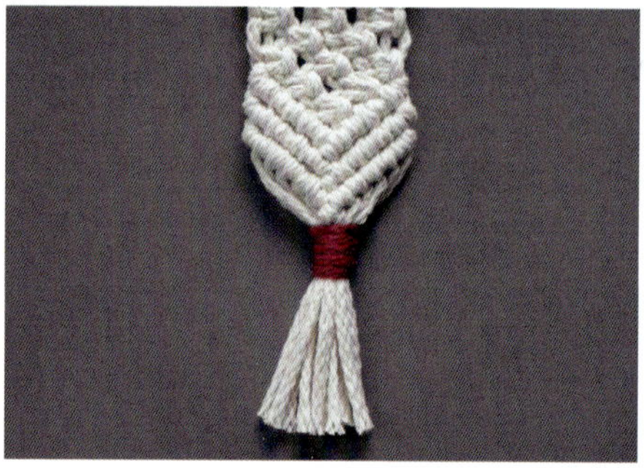

9 Kürzen Sie die Enden der Stränge auf die gewünschte Länge.

Mein Tipp für Sie

Freie Farbwahl: Stimmen Sie den Taschenanhänger farblich auf Ihre Lieblingstaschen und Outfits ab.

Zopfgummi

Highlight im Haar

MOTIVGRÖSSE
- ca. 4,5 cm

MATERIAL
- 6 Baumwollfäden in Jade, geflochten, ø 3 mm, 45 cm lang
- Dünnes Zopfgummi in Schwarz, ø 5 cm
- Schere
- Kamm

1 Befestigen Sie die sechs Baumwollfäden mit dem von vorne geknoteten Ankerknoten unten am Zopfgummi.

2 Legen Sie den linken Strang beiseite und knoten Sie mit den nächsten vier Strängen einen Kreuzknoten.

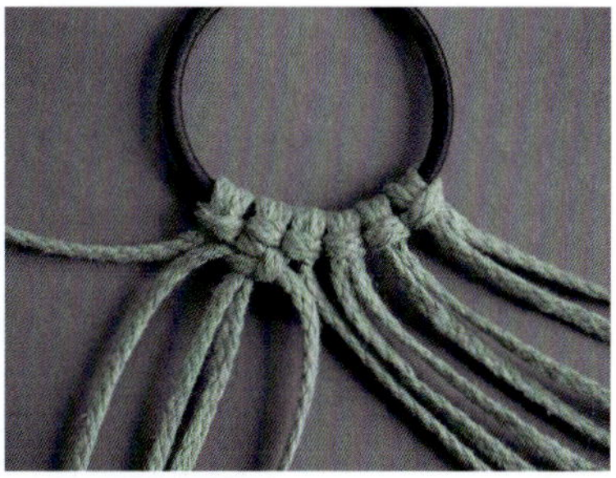

3 Nun folgt eine spitz zulaufende Reihe Rippenknoten um den Kreuzknoten. Die beiden Stränge, die direkt neben dem Kreuzknoten liegen, also der erste und sechste Strang von links fungieren als Trägerfaden für die Rippenknotenreihe. Teilen Sie die Stränge des Kreuzknotens in der Mitte, sodass drei Stränge links liegen und drei Stränge rechts. Beginnen Sie mit dem rechten Trägerfaden, legen Sie die drei linken Stränge zur Seite. Halten Sie den Trägerfaden nach links unten und knoten Sie mit den beiden anderen Strängen die Reihe Rippenknoten.

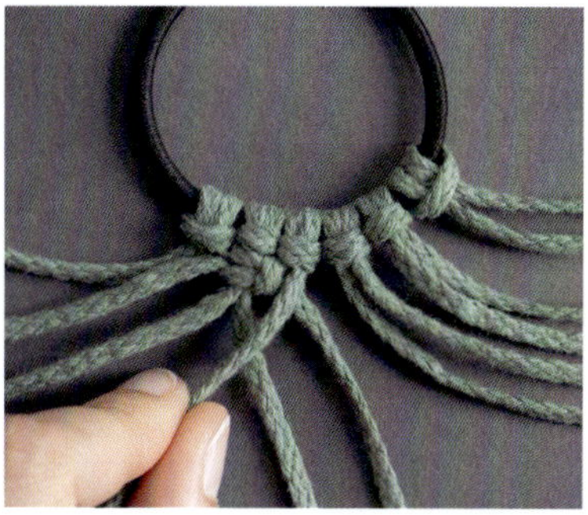

4 Wiederholen Sie Schritt 3 für die linke Seite des Kreuzknotens. Verbinden Sie die Spitze der Reihe Rippenknoten, indem Sie den Trägerfaden der rechten Seite als zusätzlichen und letzten Arbeitsfaden für die linke Rippenknotenreihe verwenden.

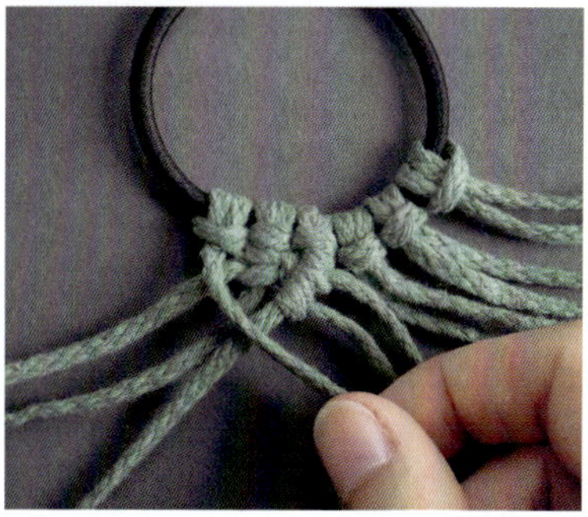

5 Wiederholen Sie Schritt 2–4 für die rechte Seite, sodass nun zwei Kreuzknoten mit spitz zulaufenden Reihen Rippenknoten nebeneinander liegen.

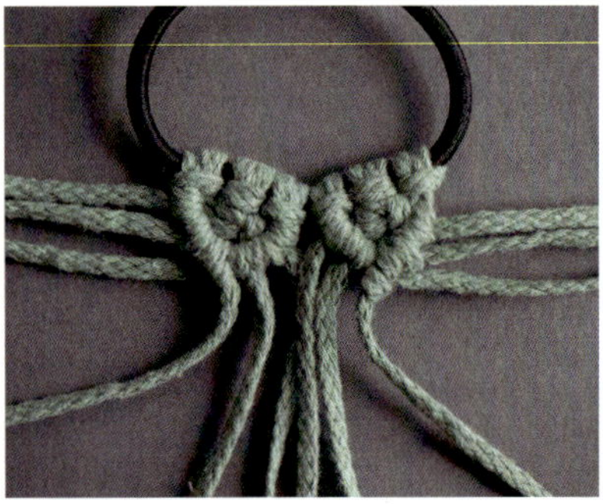

6 Knoten Sie einen Kreuzknoten zwischen den beiden Dreiecken. Nutzen Sie dazu die vier mittleren Stränge.

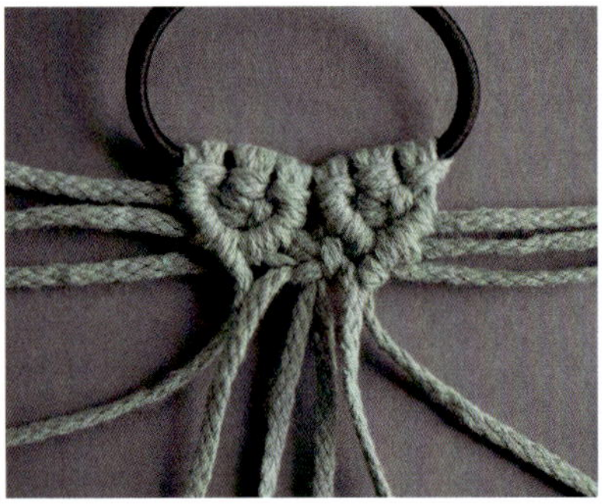

7 Nehmen Sie nun den Trägerfaden der rechten Seite und halten Sie ihn nach unten links, um die äußere Reihe Rippenknoten weiterzuführen. Knoten Sie mit den beiden rechten Fäden des gerade geknoteten Kreuzknotens zwei Rippenknoten.

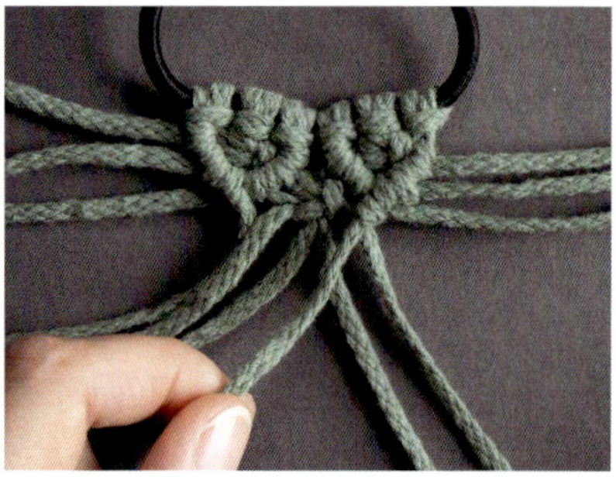

8 Wiederholen Sie Schritt 7 für die linke Seite. Verbinden Sie die Spitze der Rippenknotenreihen wie in Schritt 4 beschrieben.

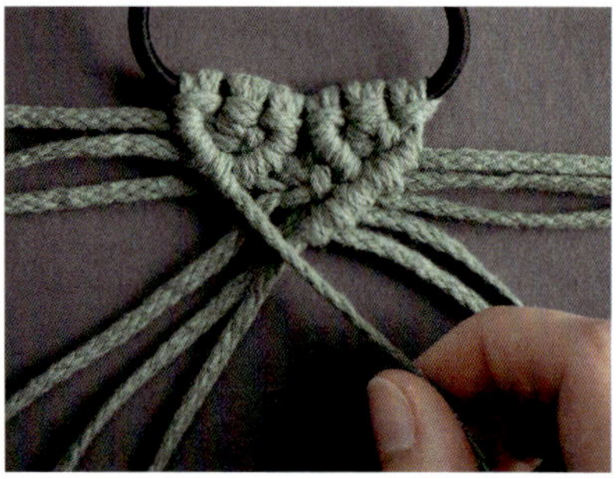

9 Die Enden auf etwa 2 cm kürzen und auskämmen.

Mein Tipp für Sie

Tragen Sie den Zopfgummi als Accessoire in einem Dutt, so dass das Muster unter dem Dutt auf Ihrem Hinterkopf liegt – der perfekte Blickfang.

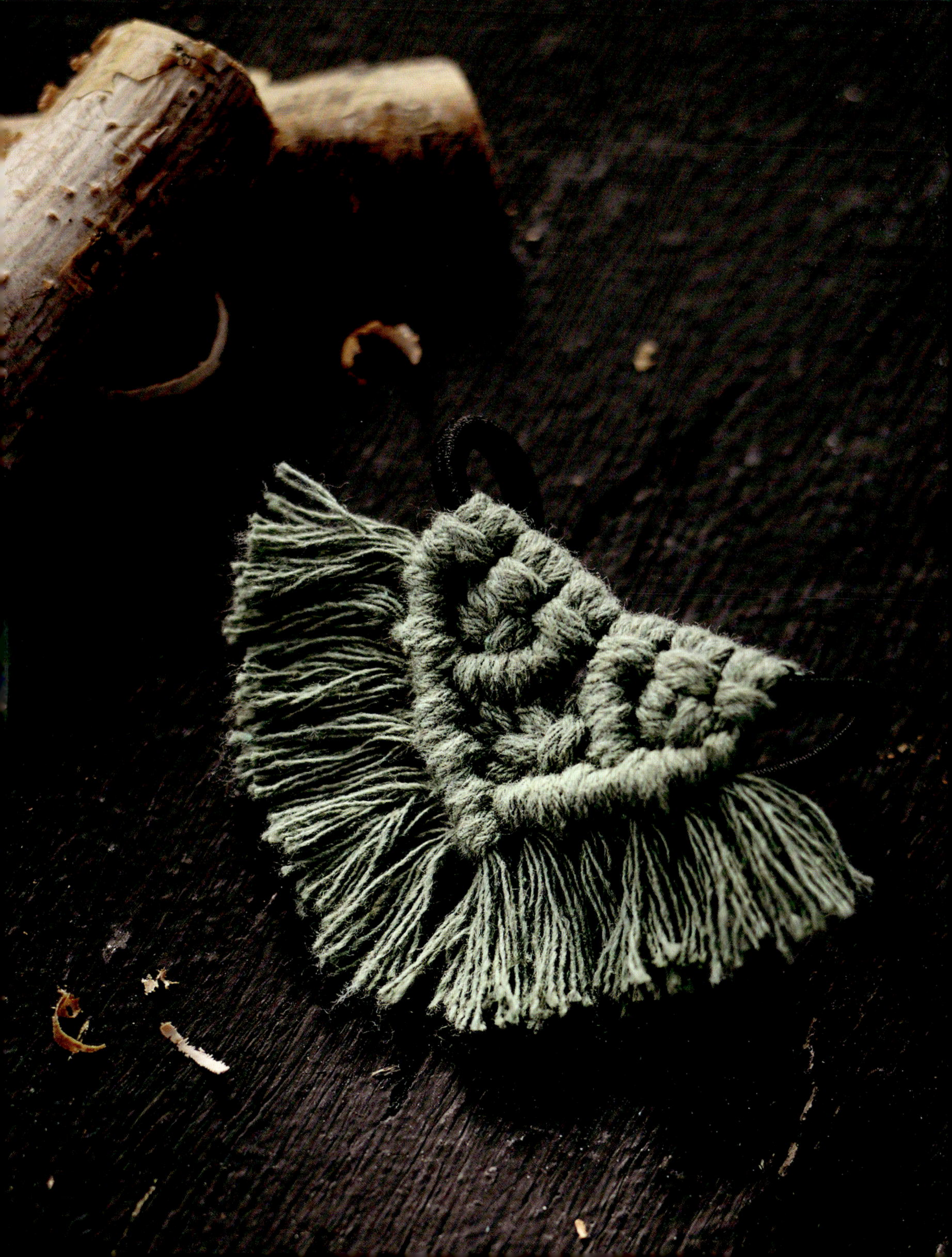

Ohrstecker

ein rosaroter Traum

MOTIVHÖHE

- ca. 2,5 cm

MATERIAL

- 4 Baumwollfäden, einfach gezwirnt, ø 3 mm, 10 cm lang (2 pro Ohrring)
- 2 Dreieck-Ohrstecker in Gold, 1 cm hoch
- Schere
- Kamm

1 Befestigen Sie die Baumwollfäden mit dem von vorne geknoteten Ankerknoten unten an dem Ohrstecker, indem Sie die Schlaufe von vorne durch den Ohrstecker führen.

2 Die Enden auskämmen und auf etwa 1 cm kürzen.

Mein Tipp für Sie

Eine schöne Variation: Schneiden Sie die Fransen des Ohrsteckers doch spitz zulaufend zu.

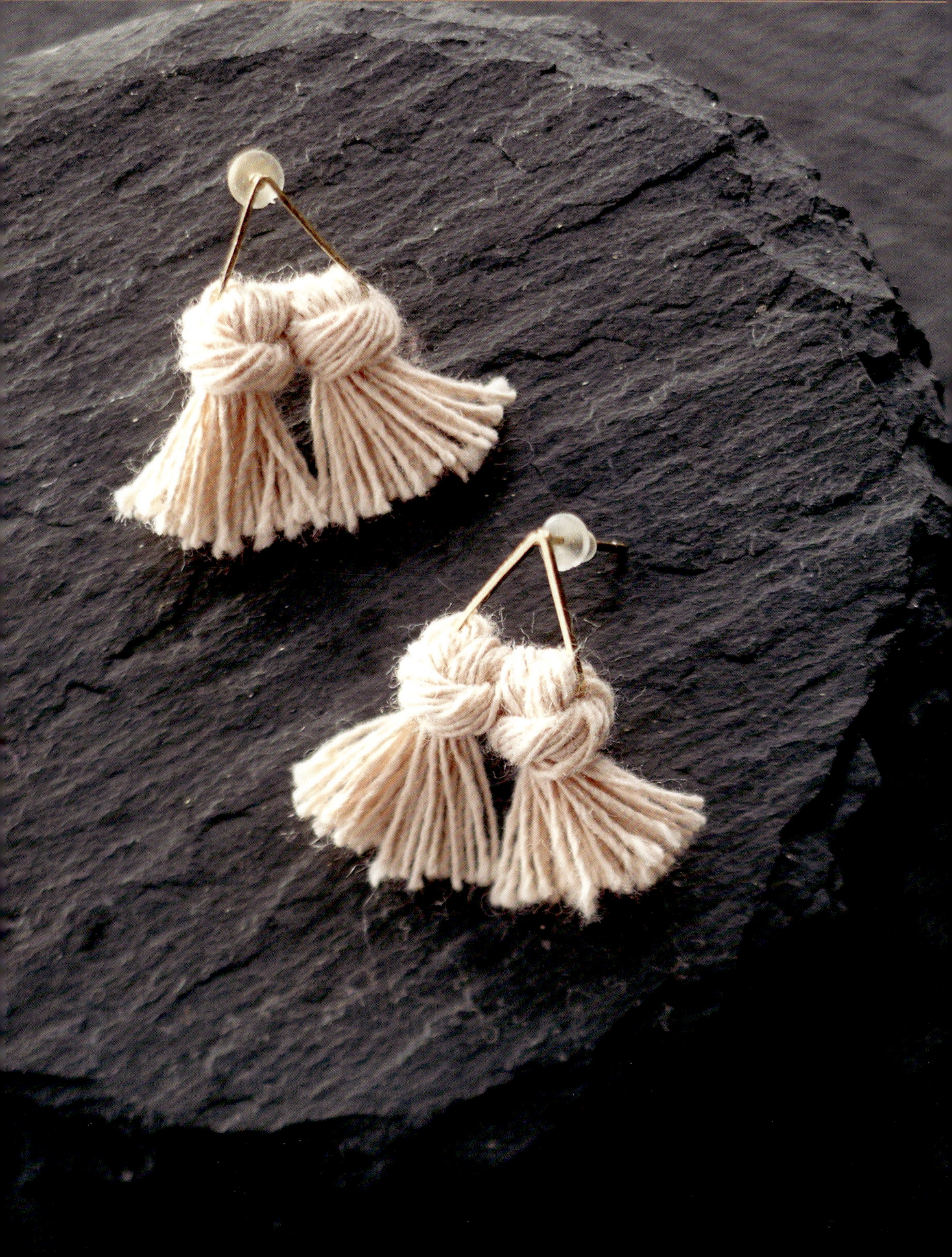

Sommerliches Armband

aus Ankerknoten

MOTIVBREITE

- ca. 1 cm

MATERIAL

- 2 Baumwollfäden in Pink, gewachst, ø 1 mm, 1,5 m lang
- 2 Baumwollfäden in Pink, gewachst, ø 1 mm, 65 cm lang
- 8 Perlen in Weiß, ø 1 mm
- Schere

1 Alle vier Fäden werden an einem Ende bündig aufeinander gelegt und mit einem normalen Knoten in einem Abstand von etwa 20 cm zu den bündig aufeinander liegenden Enden verknotet. Die beiden kurzen Stränge liegen in der Mitte.

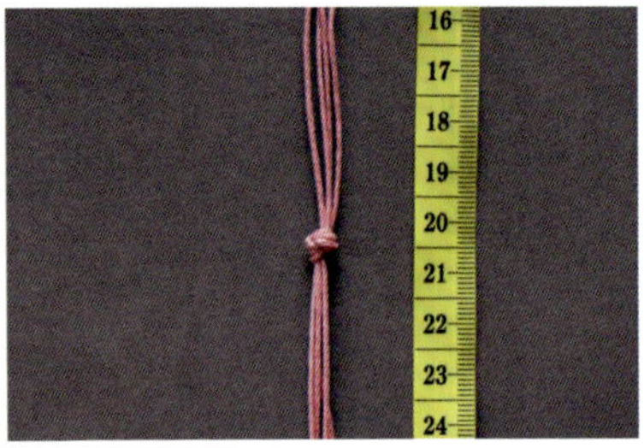

2 Knoten Sie zehn Kreuzknoten direkt untereinander.

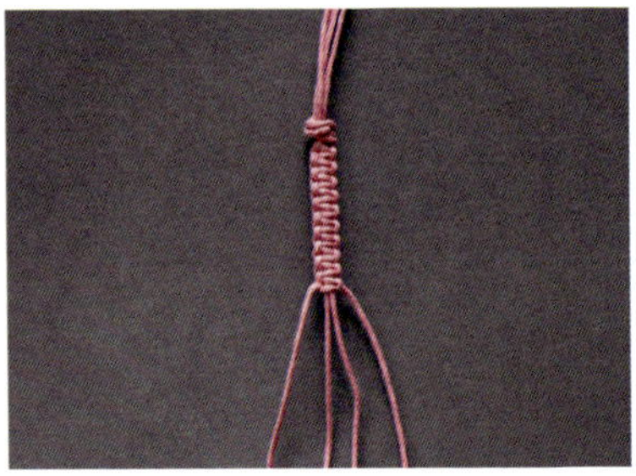

3 Die vier Stränge in zweimal 2 Stränge aufgeteilen. Die beiden kürzeren, mittleren Stränge dienen weiterhin als Trägerfäden. Sie knoten nun entlang eines Trägerfadens den Ankerknoten wie folgt: Legen Sie den Arbeitsfaden über den Trägerfaden, ziehen Sie ihn unter dem Trägerfaden durch die eigene Schlaufe nach oben durch und fest. Nun führen Sie den Arbeitsfaden unter dem Trägerfaden durch, legen ihn über den Trägerfaden durch die eigene Schlaufe und ziehen ihn fest.

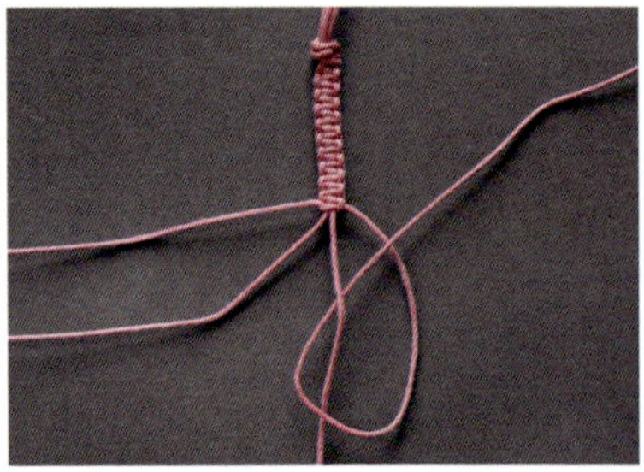

4 Es werden zwei weitere Ankerknoten wie in Schritt 3 beschrieben geknotet, sodass nun drei Ankerknoten nebeneinander entlang des einen Trägerfadens sitzen.

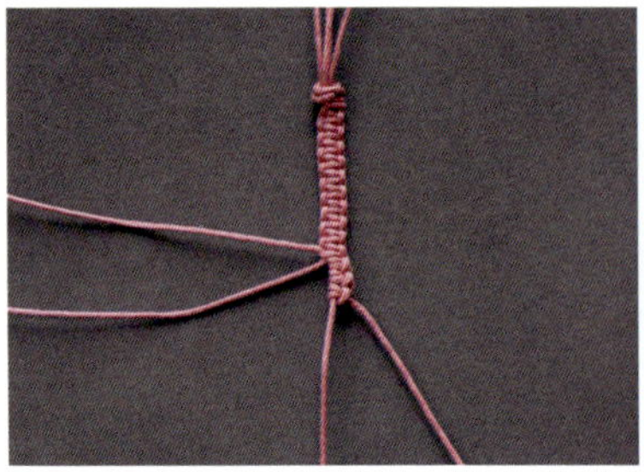

5 Wiederholen Sie Schritt 3 und 4 für die andere Seite und fädeln Sie eine Perle auf die beiden Trägerfäden in der Mitte.

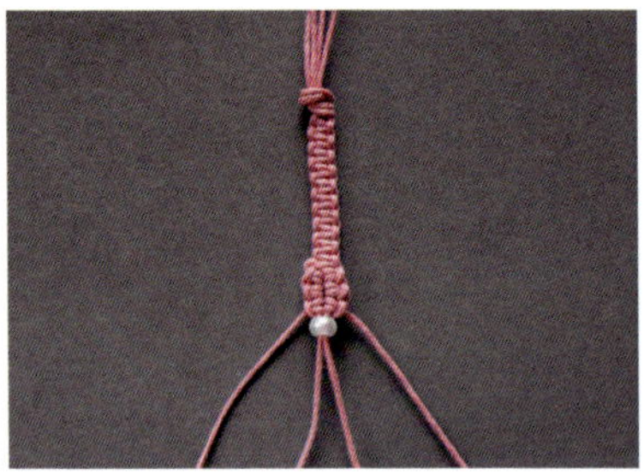

6 Wiederholen Sie Schritt 3 bis 6, bis ein Muster mit sieben doppelten Reihen Ankerknoten und sechs Perlen vor Ihnen liegt. Das Muster endet mit einer doppelten Reihe Ankerknoten.

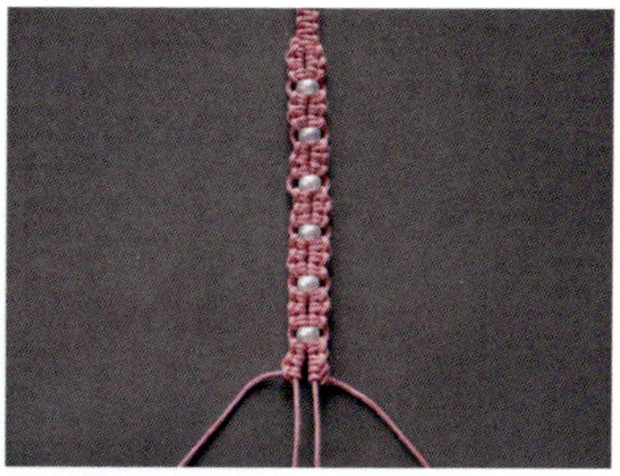

7 Wiederholen Sie Schritt 2.

8 Verschließen Sie das Armband mit einem Doppelknoten oder einem größenverstellbaren Verschluss wie beim Kreuzknoten-Armband (s. Seite 20) oder bei der Statement-Kette (s. Seite 42) beschrieben (s. Seite 42).

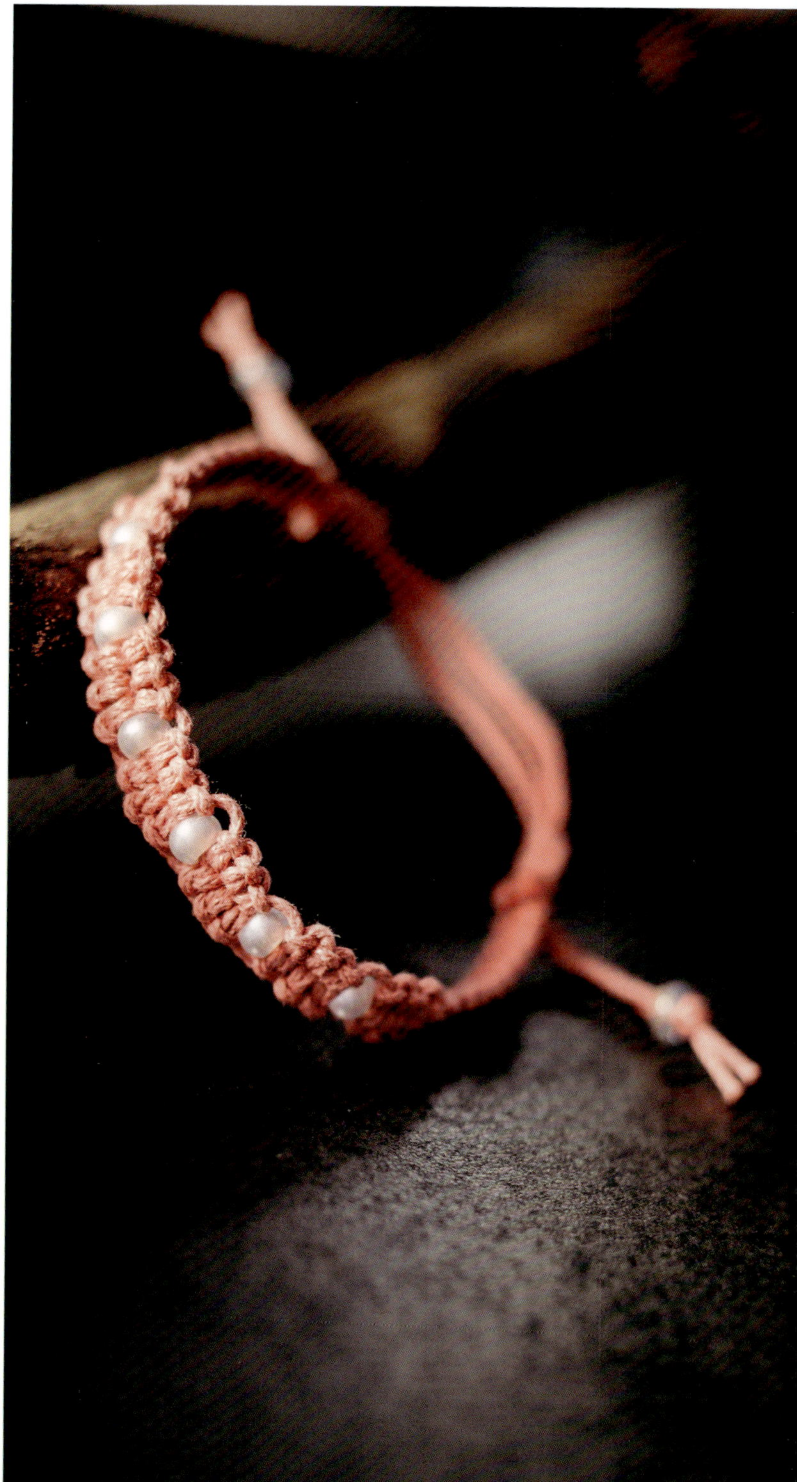

Mein Tipp für Sie

Variieren Sie die Farben und wählen Sie für ein Arbeitsfaden-Trägerfaden-Paar eine unterschiedliche Farbe.

Verspieltes Armband

aus Kreuzknoten

MOTIVBREITE
- ca. 0,5 cm (ohne Perlen)

MATERIAL
- 2 Baumwollfäden in Rosa, gewachst, ø 1 mm, 1,3 m lang
- 2 Baumwollfäden in Rosa, gewachst, ø 1 mm, 65 cm lang
- 1 Perle in Weiß, ø 5,5 mm
- 2 Perlen in Türkis, ø 5,5 mm
- 2 Perlen in Petrol, ø 5,5 mm
- 2 Perlen in Perlmutt, ø 5,5 mm
- Schere
- Sticknadel

1 Legen Sie alle vier Baumwollfäden an einem Ende bündig aufeinander und knoten Sie einen normalen Knoten in einem Abstand von etwa 20 cm zu den bündig aufeinander liegenden Enden. Die beiden langen Stränge liegen außen.

2 Knoten Sie zwölf Kreuzknoten direkt untereinander und fädeln Sie auf die beiden Trägerfäden eine Perle in Petrol auf.

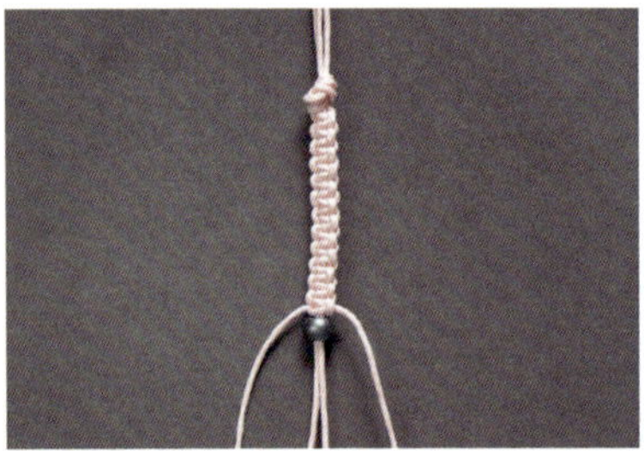

3 Weitere vier Kreuzknoten untereinander knoten, gefolgt von einer Perle in Türkis.

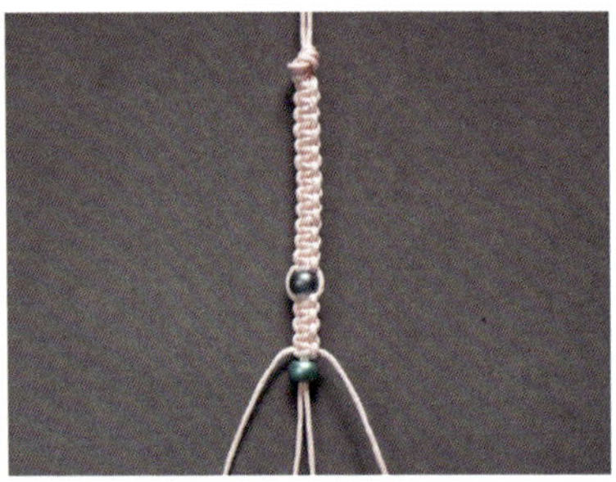

4 Wiederholen Sie Schritt 4 bis Sie gesamt fünf Perlen aufgefädelt haben (Petrol, Türkis, Perlmutt, Türkis, Petrol).

5 Knoten Sie zwölf Kreuzknoten direkt untereinander.

6 Das Armband wird mit einem größenverstellbaren Verschluss verbunden. Dazu legen Sie die beiden Enden der Trägerfäden so entgegengesetzt übereinander, dass das geknotete Muster ein Armband ergibt.

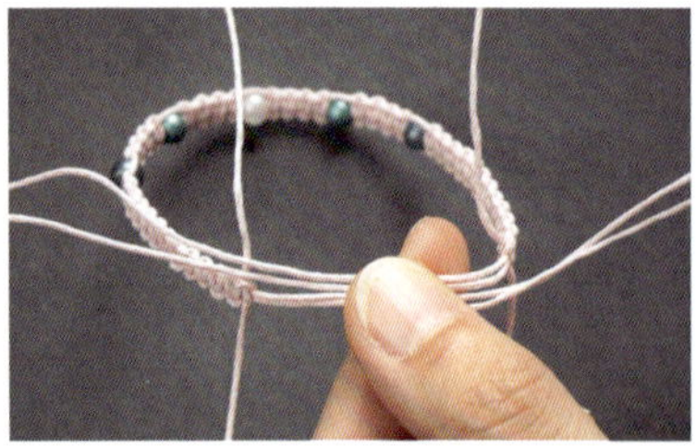

7 Knoten Sie auf der Seite weiter, an der Sie mit Schritt 6 aufgehört haben. Nehmen Sie dazu die beiden Arbeitsfäden und knoten Sie um alle Trägerfadenenden zwei Kreuzknoten direkt untereinander.

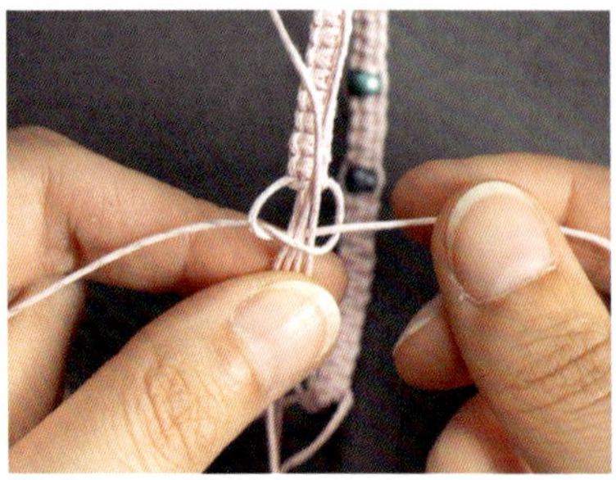

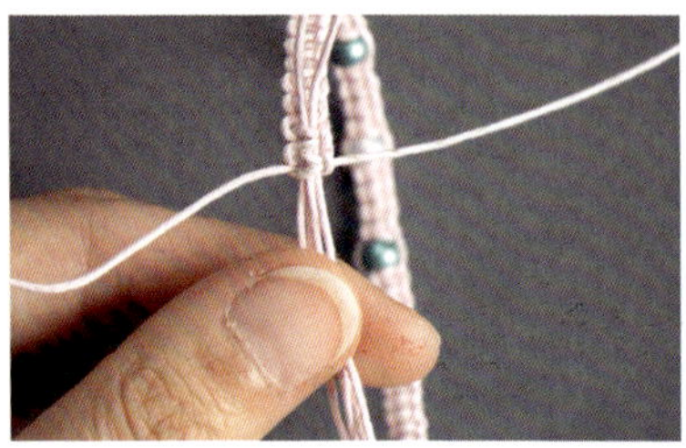

8 Wiederholen Sie Schritt 7 auf der anderen Seite. Hier beginnen Sie Ihre beiden Kreuzknoten aber nicht wie bisher üblich mit dem rechten Arbeitsfaden, sondern mit dem linken Arbeitsfaden.

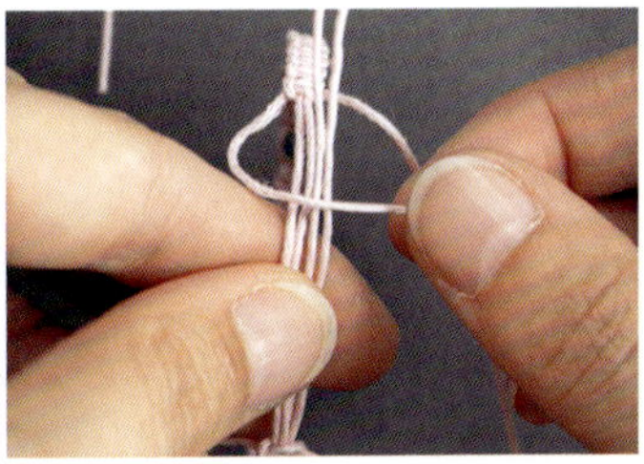

9 Mithilfe der Trägerfadenenden kann das Armband nun verstellt werden. Stellen Sie Ihr Armband auf die Größe ein, sodass Sie es noch über Ihre Hand bekommen, fädeln Sie jeweils eine perlmuttfarbene Perle auf die beiden Trägerfadenenden auf und setzen dahinter einen Knoten, sodass die Perle nicht herunterrutschen kann. Die Arbeitsfäden werden auf beiden Seiten innen am Armband in dem Muster vernäht und abgeschnitten.

Alternativ können Sie auch einen normalen Doppelknoten als Verschluss wählen oder den größenverstellbaren Verschluss der Statement-Kette (s. Seite 42).

Mein Tipp für Sie

Knoten Sie ein längeres Band und tragen es als Fußbändchen für einen schönen Sommer-Look.

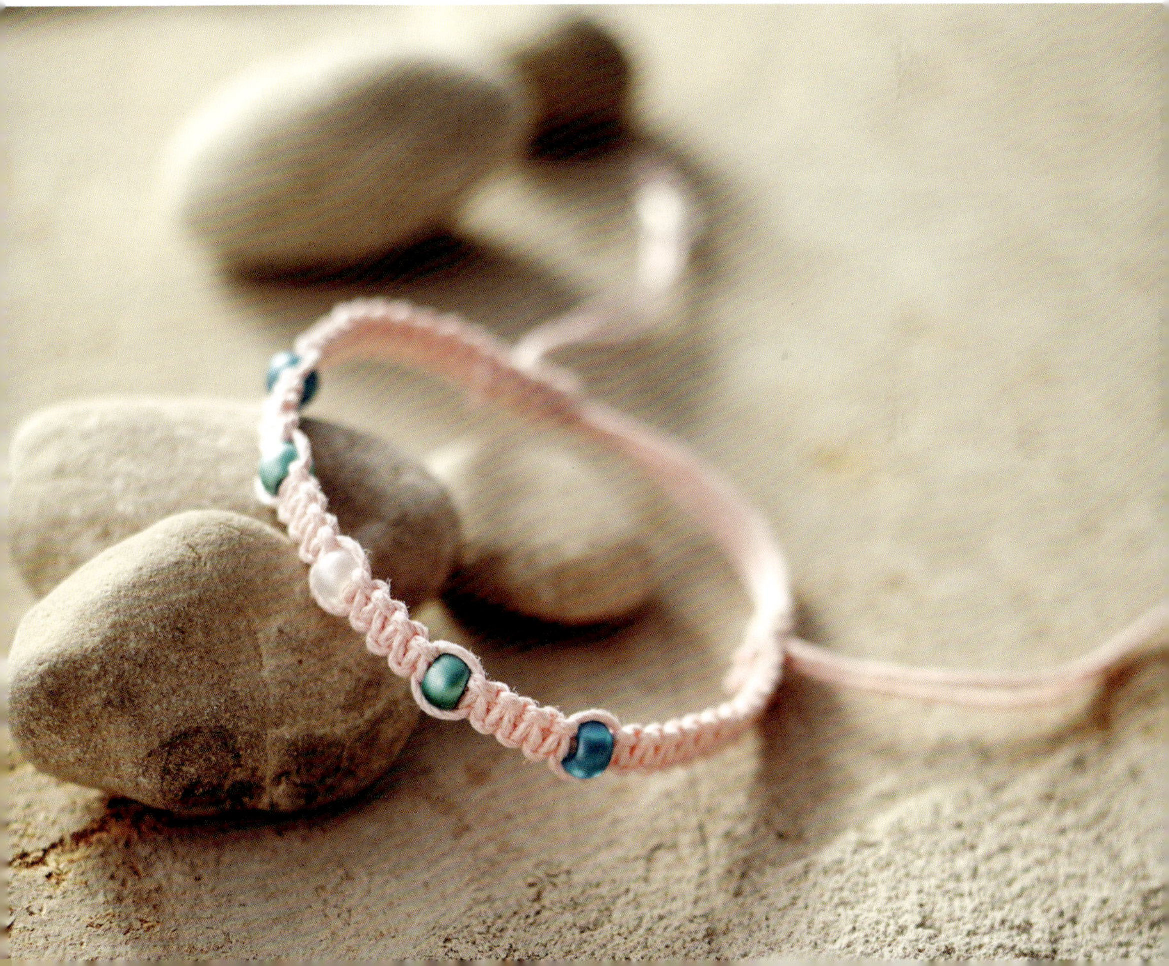

Filigrane Ohrringe

verspielte Leichtigkeit

MOTIVBREITE
- ca. 0,5 cm

MATERIAL
JE OHRRING
- Baumwollfaden in Rosa, gewachst, ø 1 mm, 50 cm lang
- 1 Kettelstift mit Flachkopf in Gold, 5 cm lang
- 1 Perle in Weiß, ø 4 mm
- 1 Perle in Rosa, ø 3 mm
- Ohrenhaken in Gold
- Zange

1 Fädeln Sie erst die kleine, dann die große Perle auf den Kettelstift auf.

2 Den Faden mittig unter den Kettelstift legen. Dabei fungiert der Kettelstift als Trägerfaden und die beiden Enden des Fadens als Arbeitsfäden. Knoten Sie einen Kreuzknoten mit den beiden Enden um den Kettelstift. Der Kreuzknoten kann entlang des Kettelstifts verschoben werden.

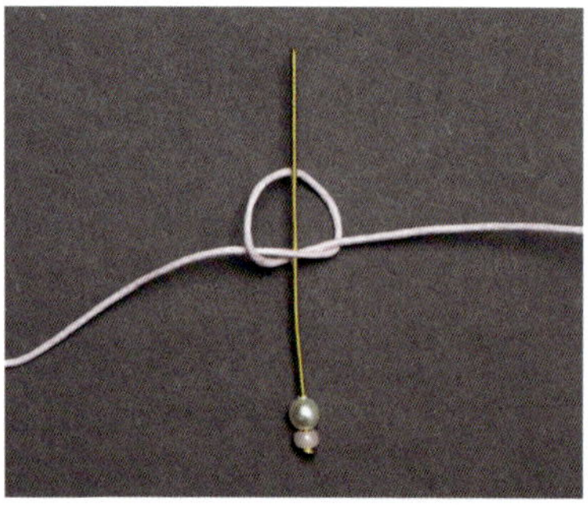

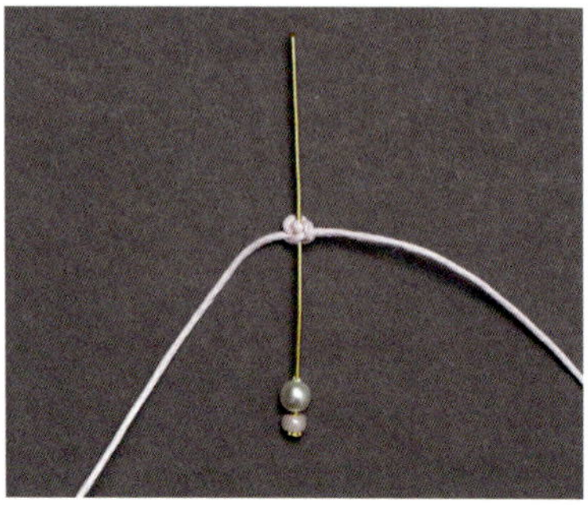

3 Knoten Sie insgesamt zwölf Kreuzknoten untereinander.

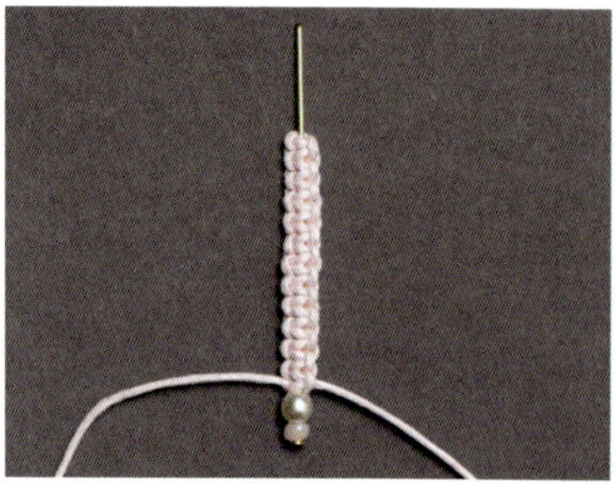

4 Die beiden Enden auf der Rückseite des Ohrrings mit einem normalen Knoten fixieren. Kürzen Sie anschließend die Enden und verbiegen Sie das obere Ende des Kettelstifts zu einer Öse, sodass Sie den Anhänger auf einen Ohrenhaken auffädeln können. Für den zweiten Ohrring genauso verfahren.

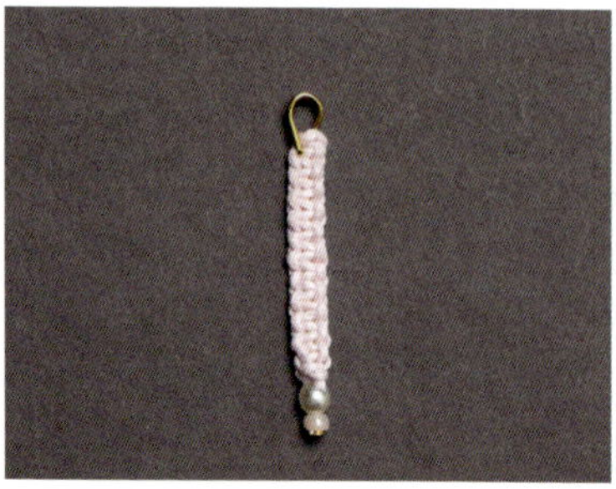

Mein Tipp für Sie

Sie können die Menge der Kreuzknoten variieren, sodass auch kürzere Ohrringe angefertigt werden können.

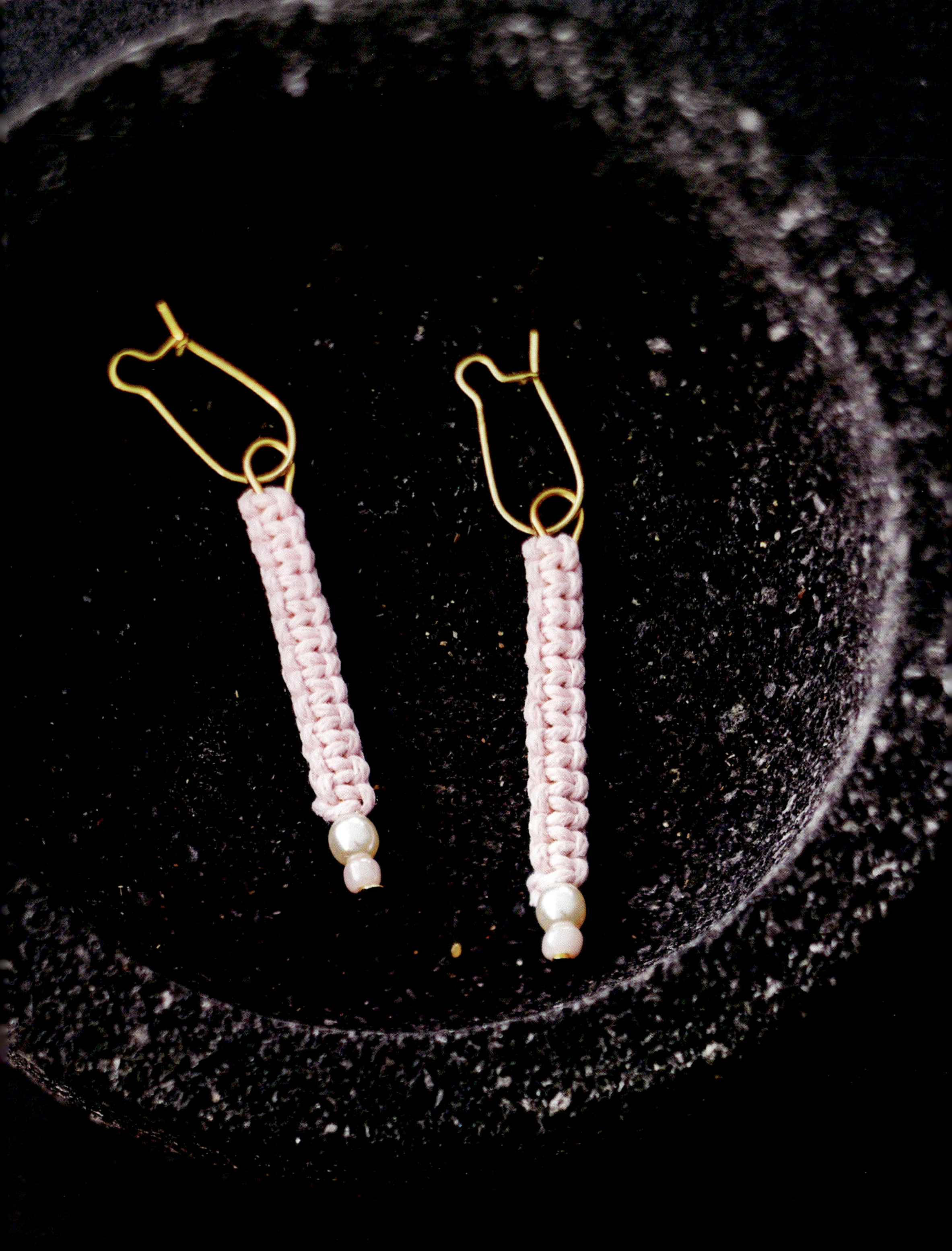

Makramee-Uhr

nie wieder zu spät

MOTIVBREITE

- ca. 2,5 cm

MATERIAL

- 4 Baumwollfäden in Natur, mehrfach gezwirnt, ø 2 mm, 1,2 m lang
- 4 Baumwollfäden in Natur, mehrfach gezwirnt, ø 2 mm, 85 cm lang
- Uhrenrohling, ø 3,5 cm
- Uhrenarmbandschnalle, 2,5 cm breit
- Leinenstoff in Beige, 6,5 cm lang, 2 cm breit
- Nähgarn in Beige
- Nähnadel
- Schere
- Textilkleber
- Sticknadel

1 Die vier 1,2 m langen Baumwollfäden werden mit dem von vorne geknoteten Ankerknoten unten an dem Uhrenrohling befestigt.

2 Knoten Sie mit allen acht Strängen zwei Kreuzknoten nebeneinander.

3 In der zweiten Reihe werden mit den mittleren vier Fäden ein versetzter Kreuzknoten geknotet. Legen Sie dazu am besten die jeweils beiden äußeren Fäden, mit denen in der Reihe nicht geknotet wird, zur Seite.

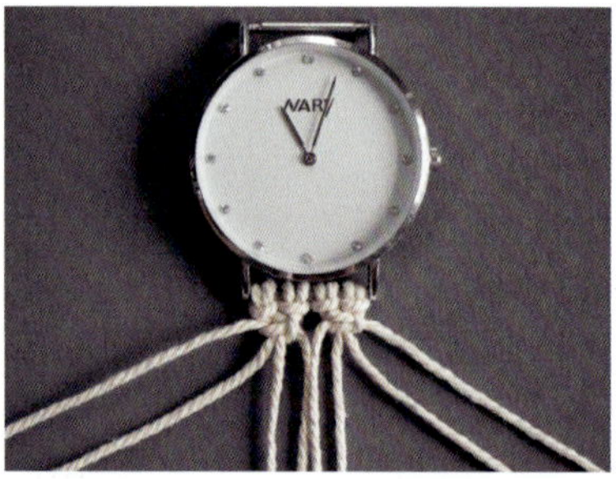

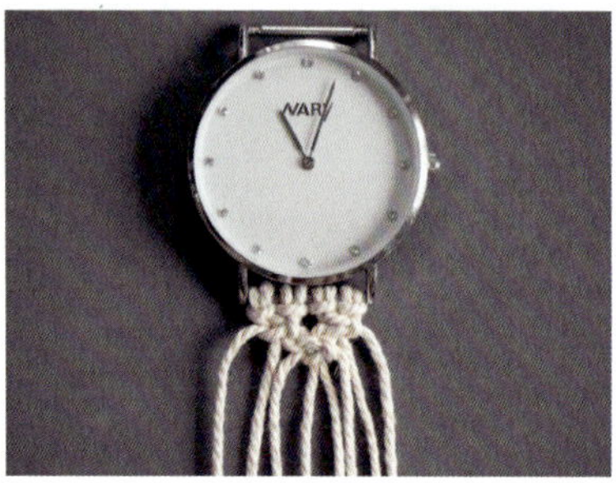

4 Es folgt eine Reihe Rippenknoten, die entlang des schon geknoteten Dreiecks aus Kreuzknoten verläuft. Teilen Sie dazu die Stränge in der Mitte, sodass auf der linken und rechten Seite jeweils vier Stränge liegen. Legen Sie die vier Stränge der linken Seite weg.

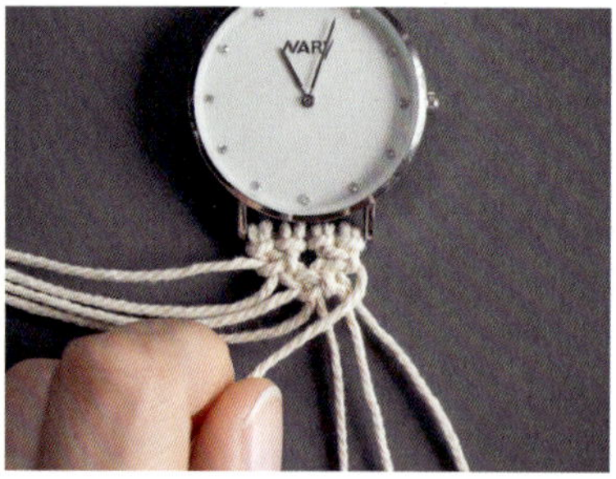

5 Halten Sie den oberen rechten Strang nach links unten in Richtung Spitze des Dreiecks. Knoten Sie mit den restlichen drei Arbeitsfäden eine Reihe Rippenknoten.
Wiederholen Sie Schritt 4 für die linke Seite. Um die Reihe Rippenknoten in der Mitte zu verbinden, verwenden Sie den Arbeitsfaden der rechten Seite als zusätzlichen und letzten Arbeitsfaden für die linke Rippenknotenreihe.

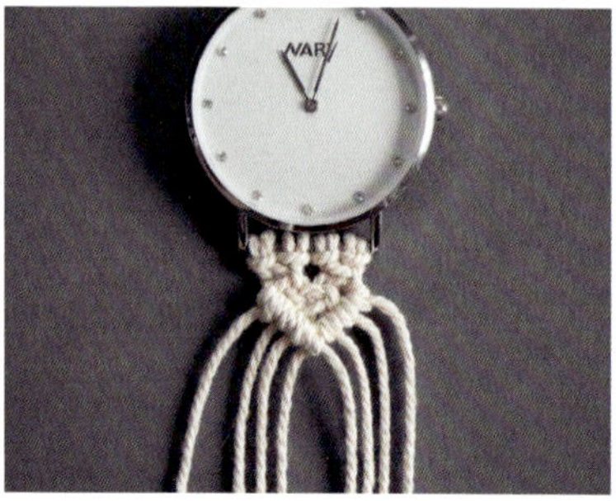

6 Wiederholen Sie Schritt 2–5 bis das untere Uhrenarmband etwa 10,5 cm lang ist. Das untere Uhrenarmband sollte mit einer Rippenknotenreihe abschließen.

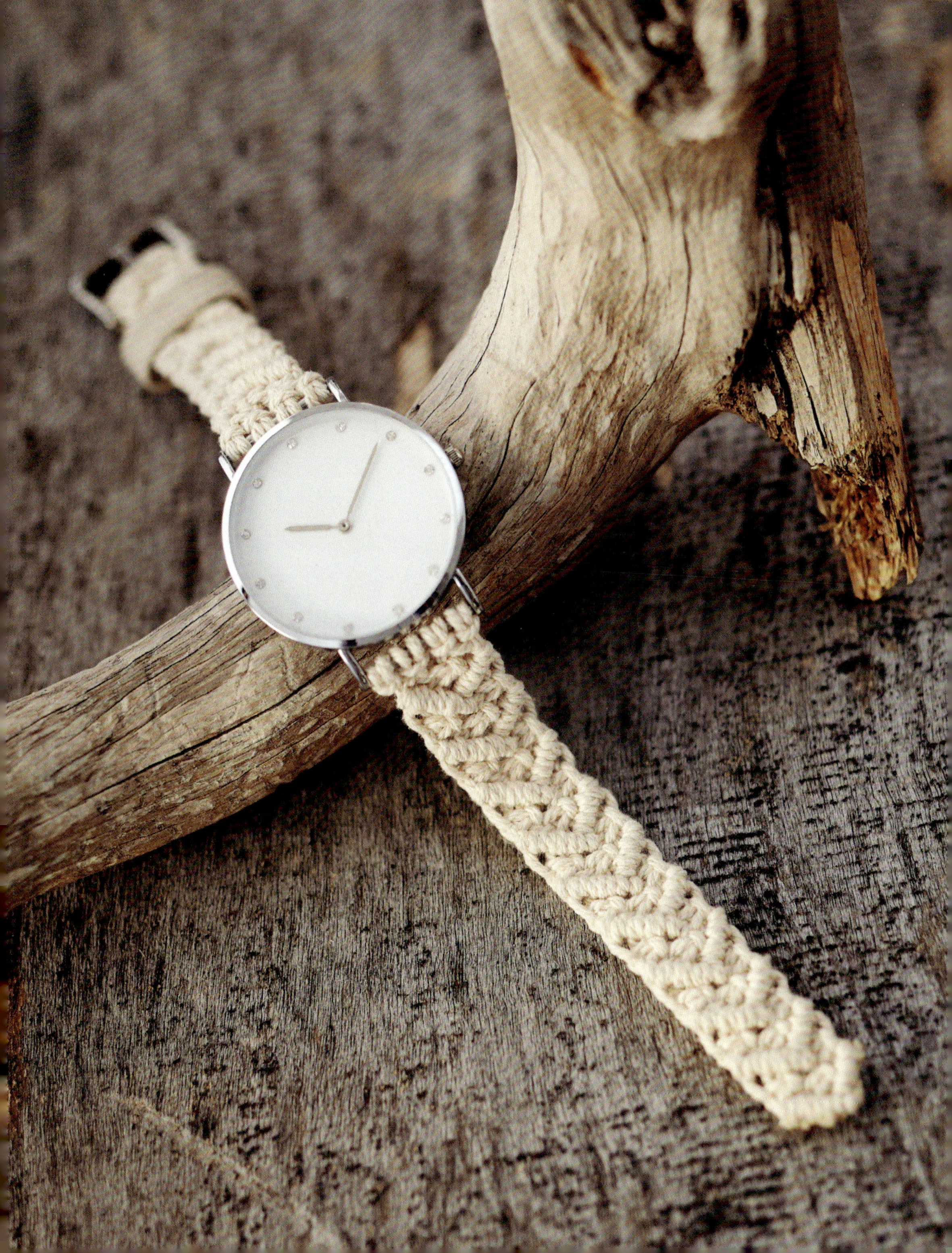

7 Schneiden Sie die Enden auf ein paar Millimeter zu und fixieren Sie diese mit Textilklebeband auf der Unterseite des Armbands, damit die Knoten nicht aufgehen können und die Enden versiegelt sind.

8 Schritt 1–5 mit dem oberen Uhrenarmband und den 85 cm langen Baumwollfäden wiederholen bis es etwa 7 cm lang ist. Die letzte Reihe sollte eine Kreuzknotenreihe mit einem Kreuzknoten sein.

9 Wiederholen Sie Schritt 2–3 bis Sie zusätzlich sieben weitere Reihen Kreuzknoten geknotet haben, abwechselnd eine Reihe aus zwei und einem Kreuzknoten. Die Reihe schließt mit zwei Kreuzknoten nebeneinander ab.

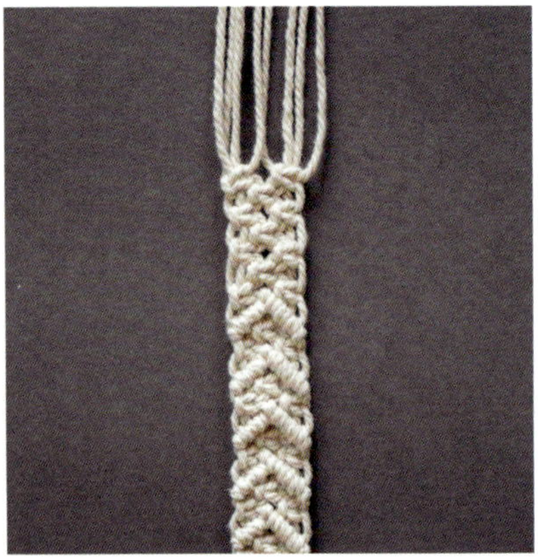

Mein Tipp für Sie

Peppen Sie eine alte Uhr auf und schenken ihr eine neues Leben, indem Sie ihre Einzelteile verwenden.

10 Führen Sie das Armbandende von vorne durch die Schnalle. Führen Sie den Fixierstift der Schnalle zwischen die ersten beiden Kreuzknoten aus Schritt 9. Das durch die Schnalle geführte Armbandende mit ein paar Stichen am restlichen Uhrenarmband festnähen und fixieren. Mithilfe einer Sticknadel werden die Garnenden des Musters unter dem geknoteten vernäht und auf etwa 1 cm gekürzt. Die gekürzten Enden mit Textilkleber auf der Rückseite des Uhrenarmbands fixieren und versiegeln.

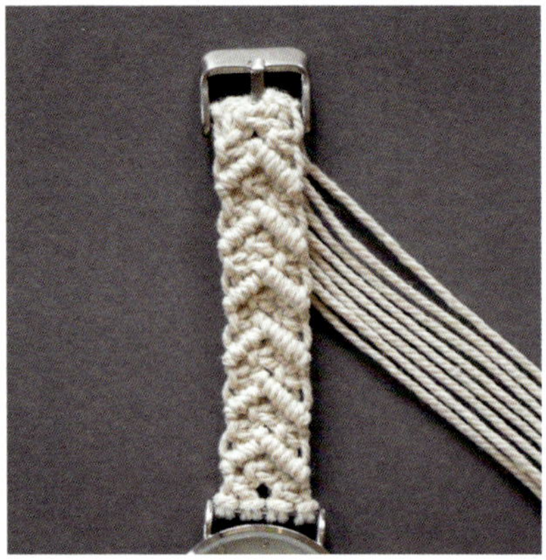

11 Um die Lasche für das Uhrenarmband anzufertigen, falten Sie das Stück Stoff entlang der Längskante etwa bei einem Drittel um. Wiederholen Sie das mit der anderen Seite, sodass ein etwa 0,5 cm schmales, zusammengelegtes Stück Stoff entsteht. Fixieren Sie das gefaltete Stück Stoff mit Textilkleber. Legen Sie das Stück Stoff um das obere Uhrenband. Legen Sie es so zusammen, dass das untere Uhrenarmband hindurch passt. Nähen Sie mit ein paar Stichen die überlappenden Stoffenden zusammen. Sie können auch hier zusätzlich mit Textilkleber arbeiten. Die überlappenden Stoffenden sollten auf der Rückseite des Armbands liegen.

Haarreif

strahlend wie die Sommersonne

MOTIVBREITE
- ca. 10,5 cm

MATERIAL
- 7 Baumwollfäden in Mango, geflochten, ø 3 mm, 80 cm lang
- Haarreif
- Holzstab oder Kreppklebeband
- Kleber
- Schere
- Kamm

1 Alle sieben Fäden mit dem Ankerknoten an einem Holzstab oder Ast befestigen. Alternativ können Sie die Fäden auch einzeln einmal mittig zusammenlegen und mit Kreppklebeband nebeneinander auf den Tisch kleben.

2 Knoten Sie mit den mittleren vier Strängen einen Kreuzknoten, der etwa 10 cm vom Holzstab (oder dem Klebeband) entfernt liegt.

Mein Tipp für Sie

Wenn Sie Probleme haben, den Knoten ohne einen Widerstand zu knoten, dann kleben Sie die vier Fäden bei 10 cm mit Kreppklebeband fest, sodass das Klebeband als Widerstand wirkt.

3 Auf beiden Seiten des Knotens zwei Stränge hinzunehmen und zwei Kreuzknoten nebeneinander direkt unter den ersten Kreuzknoten setzen.

4 Nehmen Sie erneut auf beiden Seiten zwei Stränge hinzu und knoten Sie mit allen zwölf Strängen drei Kreuzknoten nebeneinander.

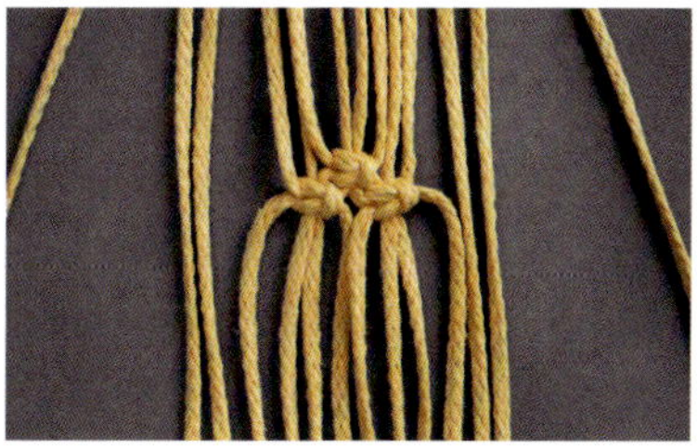

5 Nun folgen abnehmende Reihen Kreuzknoten. Legen Sie dazu zwei Stränge auf beiden Seiten von den schon verknoteten Strängen zur Seite, sodass acht Stränge vor Ihnen liegen. Damit zwei Kreuzknoten nebeneinander knoten.

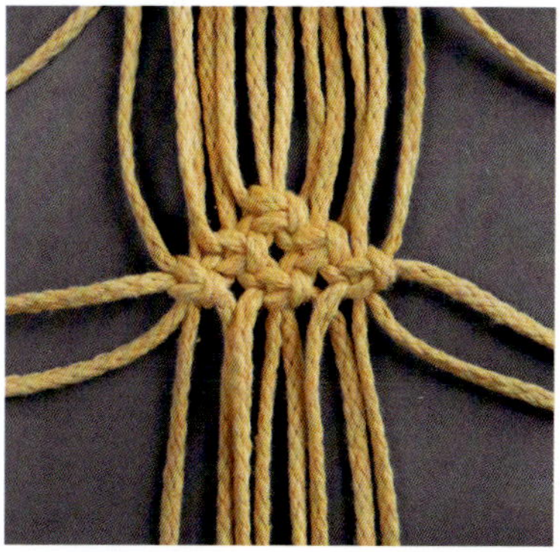

6 Zusätzlich zwei weitere Stränge auf beiden Seiten für den Moment beiseite legen. Knoten Sie mit den vier Strängen einen Kreuzknoten, sodass nun eine Raute aus Kreuzknoten vor Ihnen liegt.

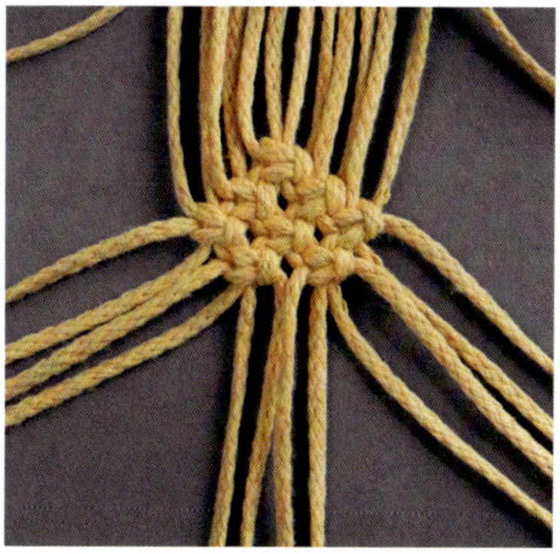

7 Nun eine Reihe Rippenknoten entlang des unteren Teils der Raute knoten. Nehmen Sie dazu den ersten ungeknoteten Strang auf der linken Seite dazu. Dieser fungiert als Trägerfaden. Halten Sie ihn in Richtung Spitze nach unten rechts. Knoten Sie mit den restlichen sechs Strängen der linken Seite eine Reihe Rippenknoten.

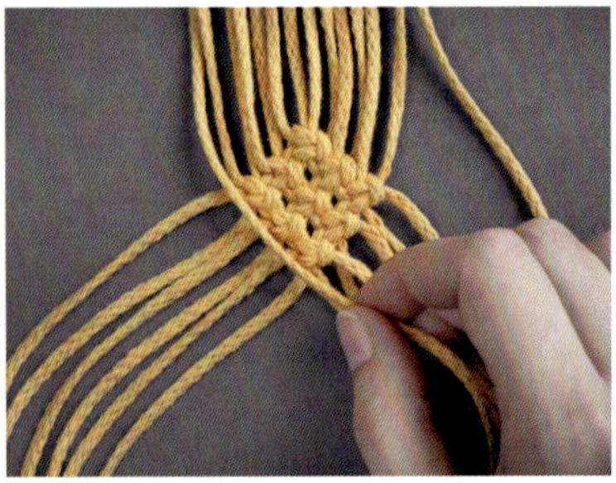

8 Wiederholen Sie Schritt 7 für die rechte Seite der Raute. Verbinden Sie die Reihe Rippenknoten an der Spitze, indem Sie den Trägerfaden der linken Seite als letzten Arbeitsfaden für die rechte Seite nutzen, sodass Sie auf der rechten Seite mit einem Arbeitsfaden mehr knoten.

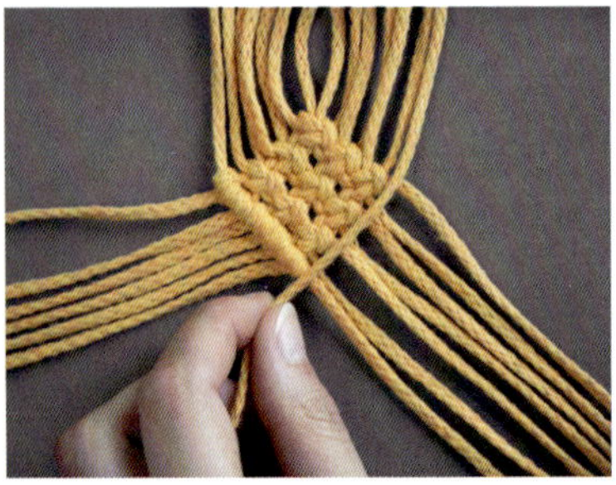

9 Es folgt eine verkürzte Reihe Rippenknoten. Dabei fungiert auf beiden Seiten der dritte Strang von oben als Trägerfaden.

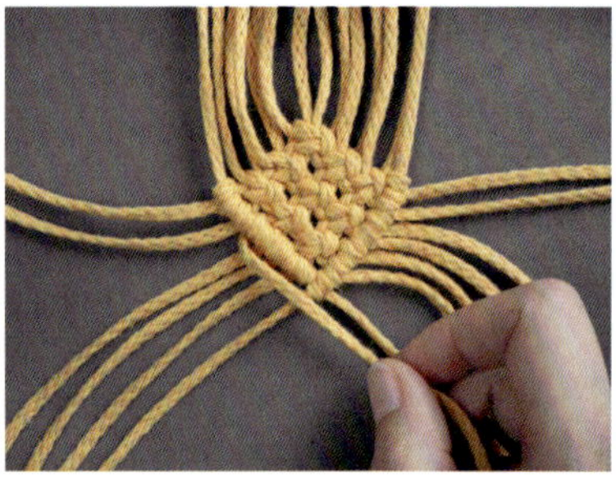

10 Die Stränge vom Holzstab ziehen und die Schlaufen aufschneiden. Drehen Sie das Muster und wiederholen Sie Schritt 7–9 mit der anderen Seite der Raute.

11 Die Enden auf etwa 2 cm kürzen und aufkämmen.

12 Kleben Sie das Muster auf einen Haarreif.

Mein Tipp für Sie

Sollten Sie lieber Haarbänder tragen, können Sie das Muster auch einfach auf ein Haarband nähen.

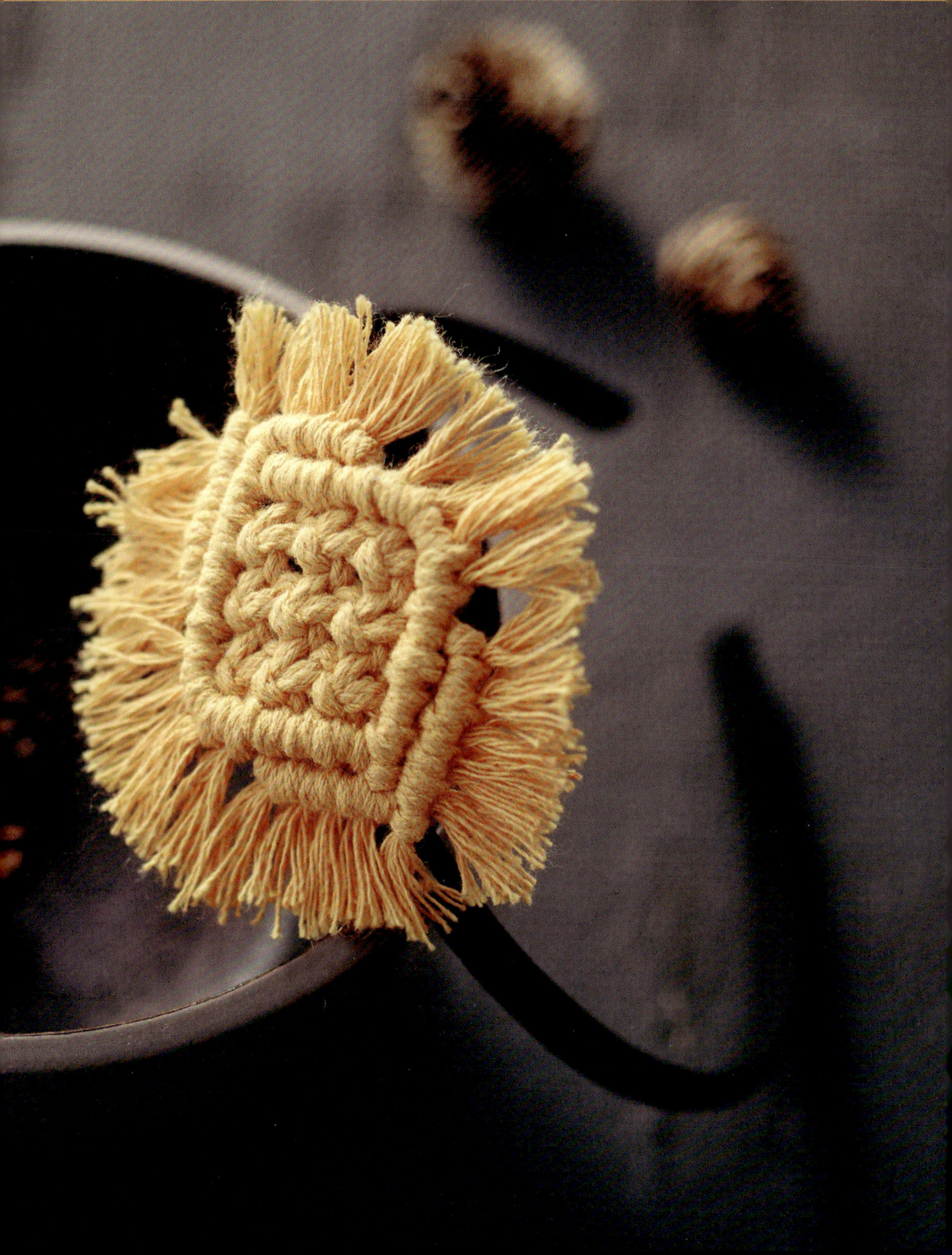

Boho-Gürtel

sommerliches Accessoire

MOTIVBREITE

- ca. 2,5 cm

MATERIAL

- 4 Baumwollfäden in Natur, geflochten, ø 3 mm, 5,5 m lang
- Gürtelschnalle in dunklem Silber
- Endstück in dunklem Silber
- Schere
- Hammer

1 Die vier Baumwollfäden mit dem von vorne geknoteten Ankerknoten unten an der Gürtelschnalle befestigen.

2 Knoten Sie mit allen acht Strängen zwei Kreuzknoten nebeneinander direkt unter der Gürtelschnalle.

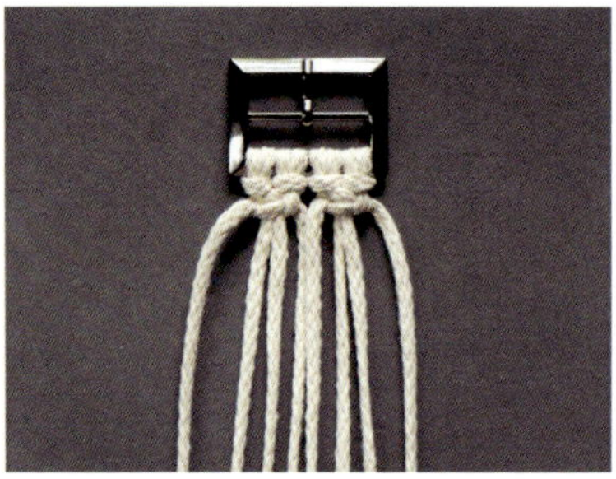

3 Es folgt eine Reihe mit einem versetzten Kreuzknoten. Legen Sie dazu auf beiden Seiten zwei Stränge zur Seite und knoten Sie mit den vier mittleren Strängen einen Kreuzknoten.

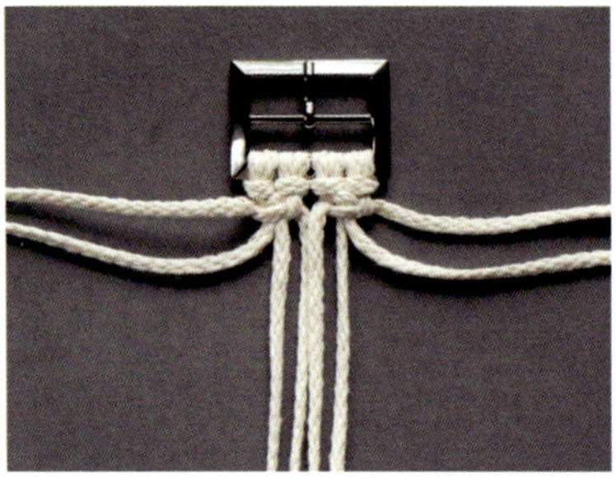

4 Wiederholen Sie Schritt 2 und 3 bis Sie etwa 1,10 m geknotet haben. Den Abschluss sollten zwei Kreuzknoten nebeneinander bilden. Schneiden Sie die Enden auf etwa 0,5 cm ab und befestigen Sie das Endstück daran.

Mein Tipp für Sie

Der Gürtel ist auch mit farbigem Garn ein echter Hingucker.

Mein Tipp für Sie

Verwenden Sie die Garnreste für kleinere Schmuck-Projekte aus diesem Buch.

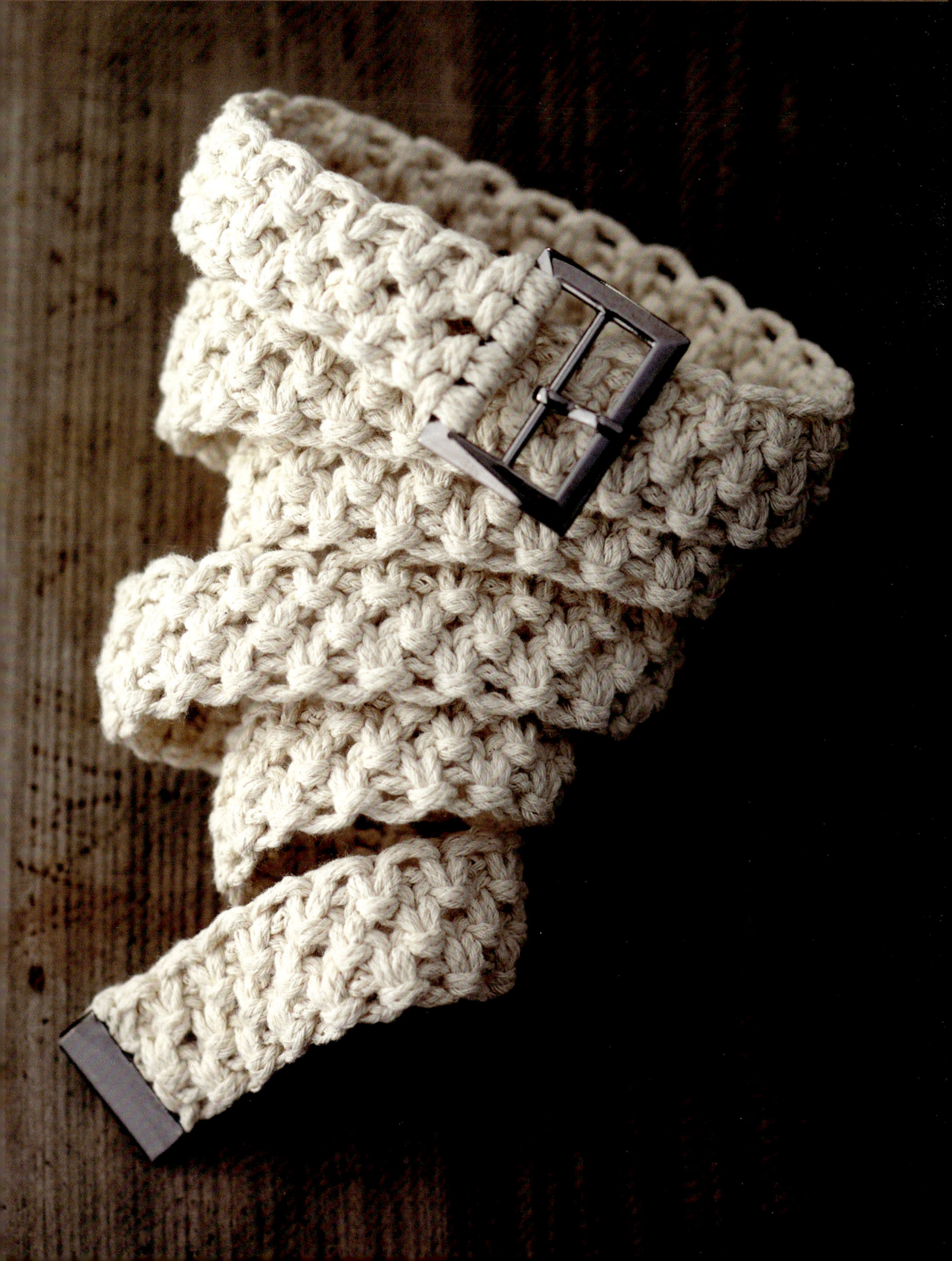

Zweifarbiges Armband

abwechselnde Ankerknoten

MOTIVBREITE
- ca. 0,7 cm

MATERIAL
- Baumwollfaden in Rosa, gewachst, ø 1 mm, 1,7 m lang
- Baumwollfaden in Türkis, gewachst, ø 1 mm, 1,7 m lang
- Baumwollfaden in Rosa, gewachst, ø 1 mm, 70 cm lang
- Baumwollfaden in Türkis, gewachst, ø 1 mm, 70 cm lang

1 Knoten sie einen normalen Knoten mit allen Fäden, der etwa 20 cm von dem einen Ende entfernt liegt. Legen Sie die Fäden so, dass die beiden kürzeren Fäden in der Mitte (Trägerfäden) und die beiden längeren Fäden außen (Arbeitsfäden) liegen.

2 Legen Sie einen der äußeren Fäden von oben über die beiden Trägerfäden und führen Sie ihn dann unter die beiden Trägerfäden durch die eigene Schlaufe nach oben.

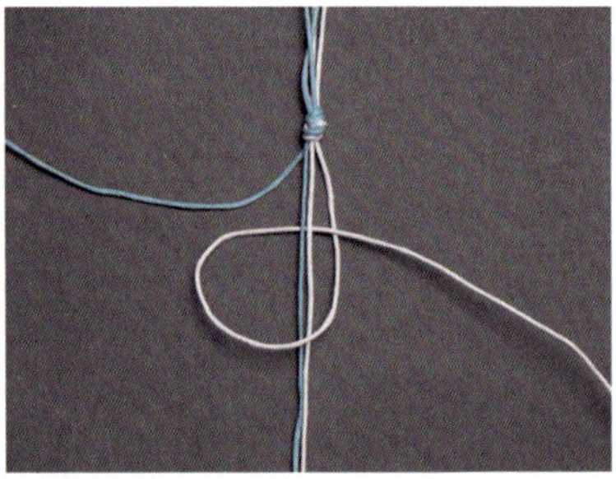

3 Führen Sie den gleichen Faden nun nach dem Festziehen unter die beiden Trägerfäden hindurch über sie hinweg nach unten durch die Schlaufe und ziehen Sie ihn wieder nach oben hin fest.

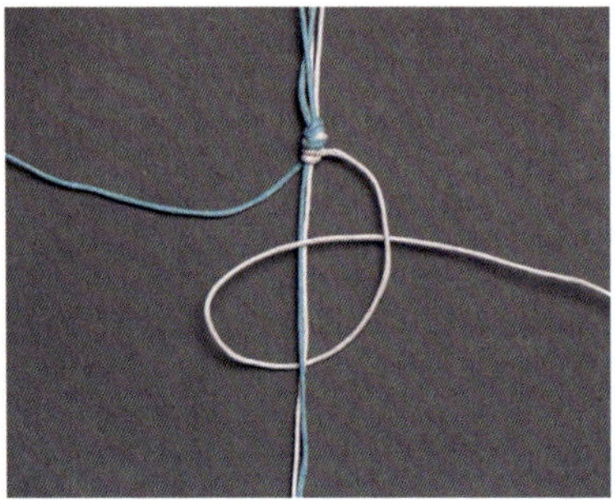

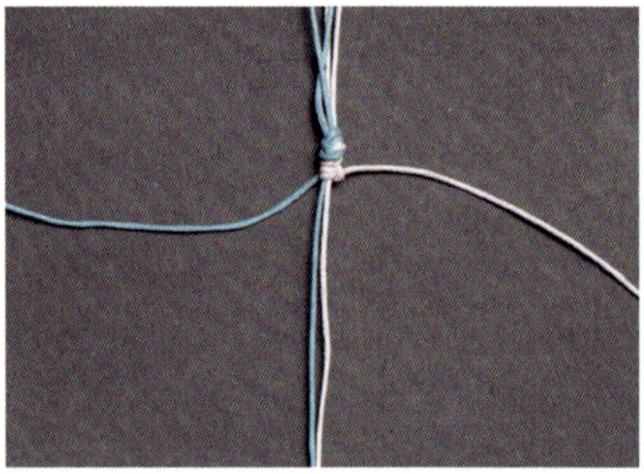

4 Wiederholen Sie Schritt 2 und 3 abwechselnd für jede Seite bis Sie ihren Armumfang erreicht haben.

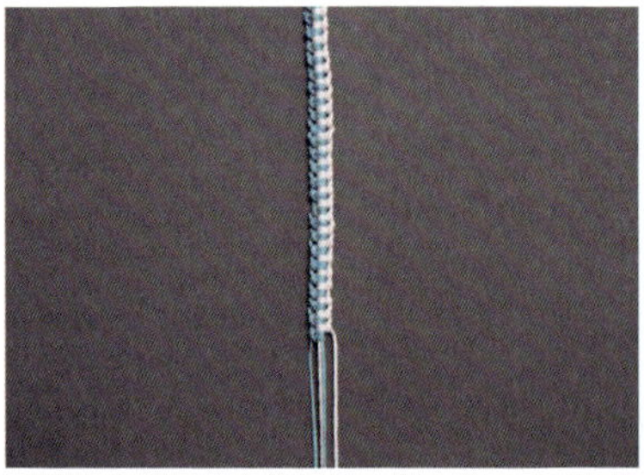

5 Sie können das Armband mit einem Doppelknoten am Handgelenk befestigen oder mit einem größenverstellbaren Verschluss wie beim Kreuzknoten-Armband (s. Seite 20) oder bei der Statement-Kette (s. Seite 42) beschrieben.

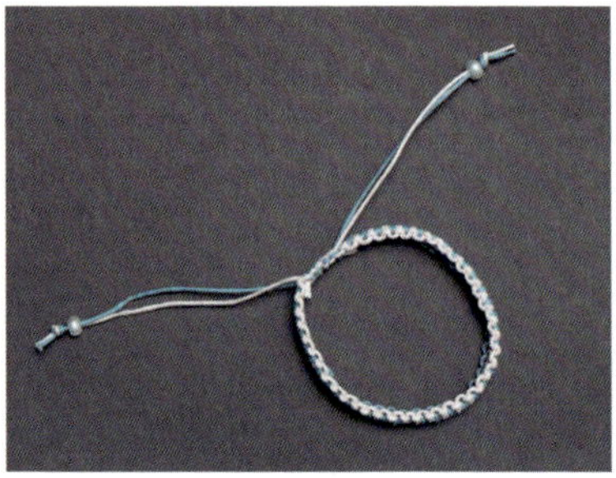

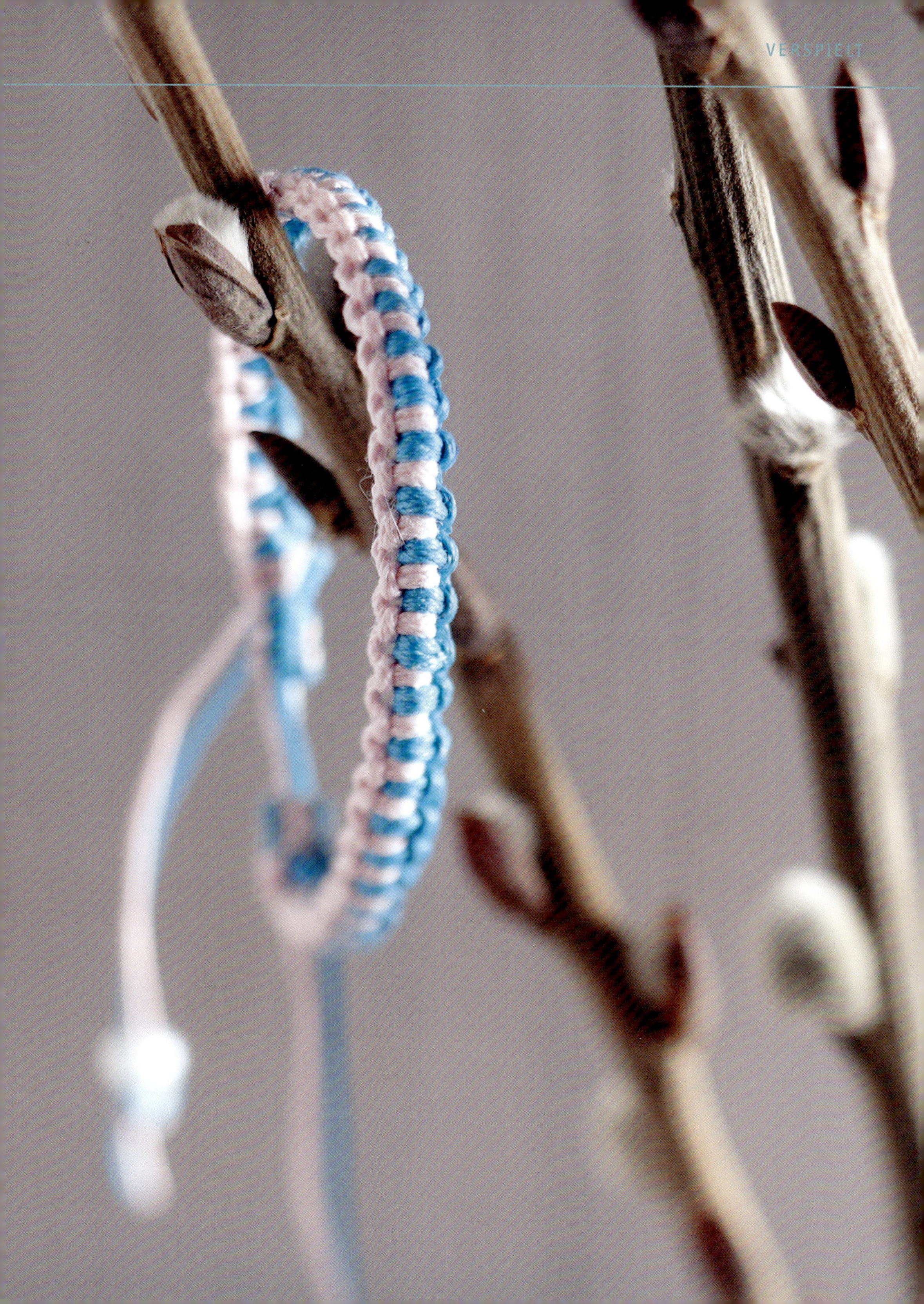

Lange Kette

Put a ring on it

MOTIVLÄNGE

- ca. 11,5 cm (Anhänger)

MATERIAL

- 6 Baumwollfäden in Altrosa, geflochten, ø 3 mm, 60 cm lang
- Baumwollfaden in Altrosa, geflochten, ø 3 mm, 80 cm lang
- Ring in Gold, ø 4,5 cm
- Schere

1 Die sechs Baumwollfäden mit dem von vorne geknoteten Ankerknoten unten am Ring befestigen. Dazu die Schlaufe von vorne durch den Ring führen.

2 In der ersten Reihe knoten Sie mit allen zwölf Strängen dreimal zwei Kreuzknoten.

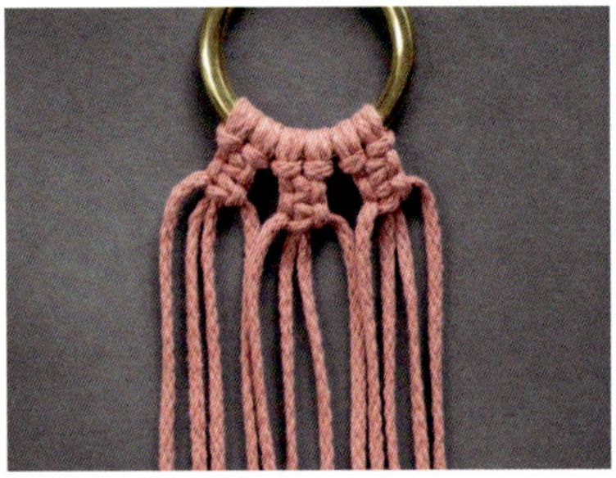

3 Es folgt eine abnehmende Reihe mit zwei doppelten Kreuzknoten. Legen Sie dazu auf beiden Seiten zwei Stränge zur Seite, sodass acht Stränge zum Knoten vor Ihnen liegen.

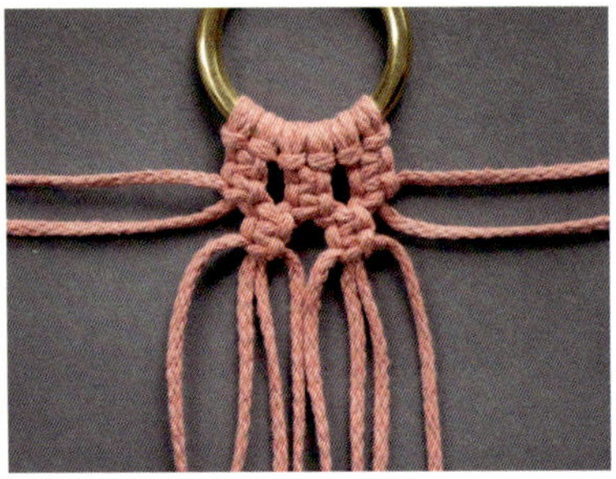

4 In der dritten Reihe knoten Sie einen doppelten Kreuzknoten als Spitze des Dreiecks. Legen Sie dazu zusätzlich zwei Stränge auf beiden Seiten zur Seite, sodass nur noch vier Stränge vor Ihnen liegen.

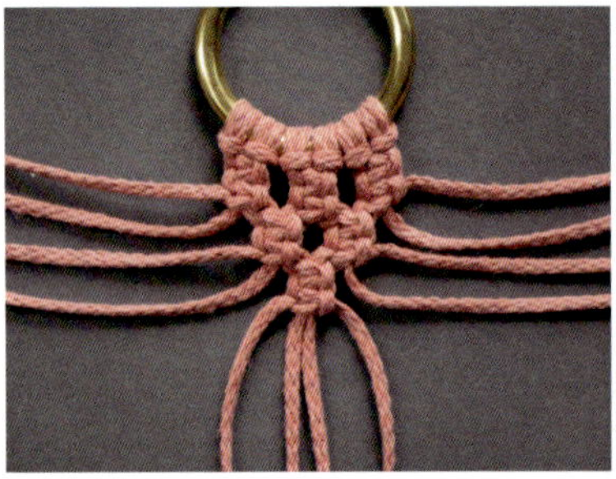

5 Setzen Sie einen normalen Knoten etwa 6 cm vom Muster entfernt in jeden einzelnen Strang, sodass die einzelnen Knoten ebenfalls ein Dreiecksmuster ergeben. Kürzen Sie die Enden auf etwa 0,5 cm.

6 Zum Schluss wird der lange Baumwollfaden oben am Ring mit dem von vorne geknoteten Ankerknoten befestigt. Die beiden Enden können normal verknotet werden oder mit einem größenverstellbaren Verschluss wie bei der Statement-Kette (s. Seite 42) ausgestattet werden.

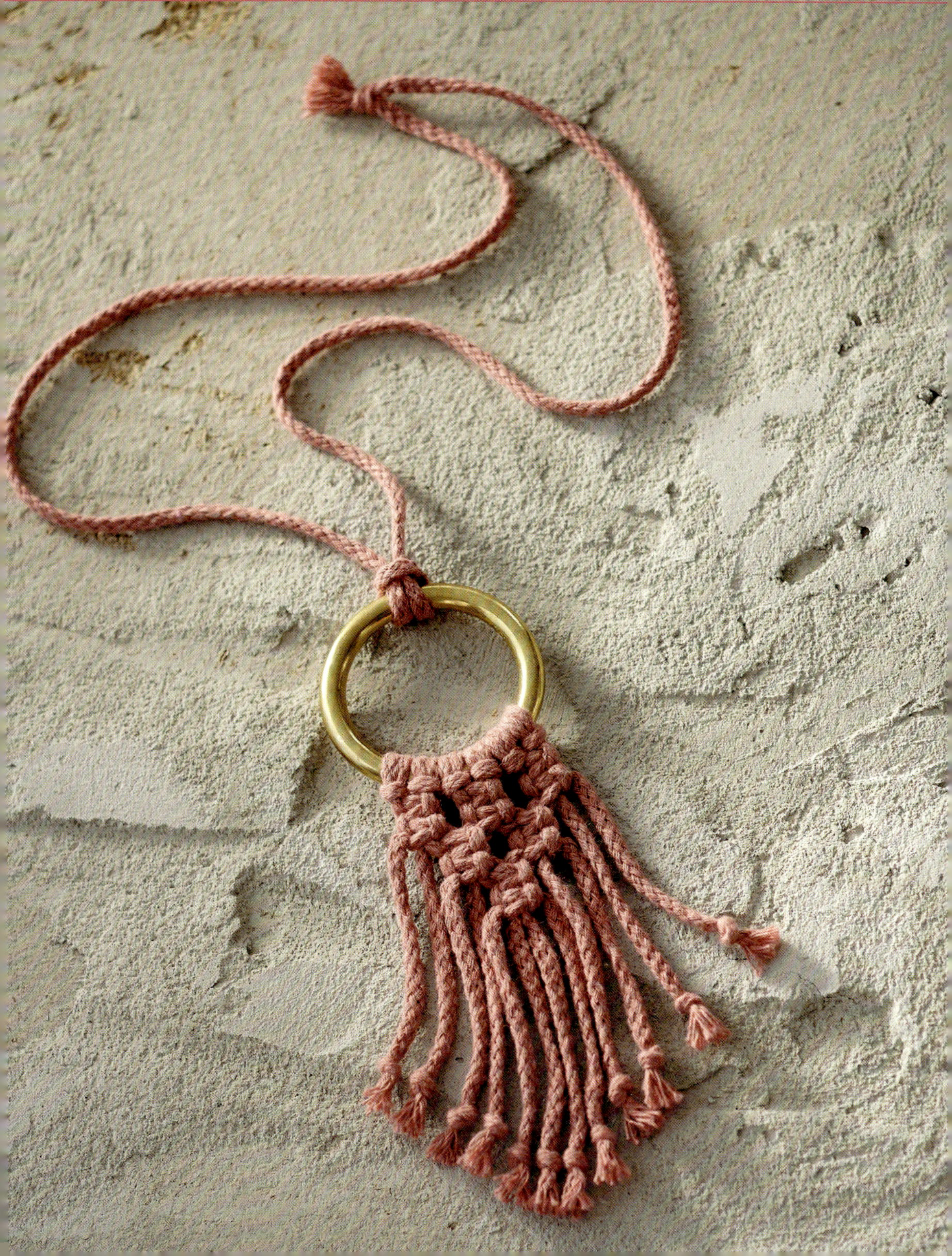

Haarspange

Hingucker im Haar

MOTIVHÖHE

- ca. 5 cm (Knoten)

MATERIAL

- 4 Baumwollfäden in Purpurrot, geflochten, ø 3 mm, 40 cm lang
- Haarclip Kreis in Silber, ø 4,5 cm
- Schere
- Kamm

1 Befestigen Sie alle vier Fäden mit dem von vorne geknoteten Ankerknoten unten am Haarclip.

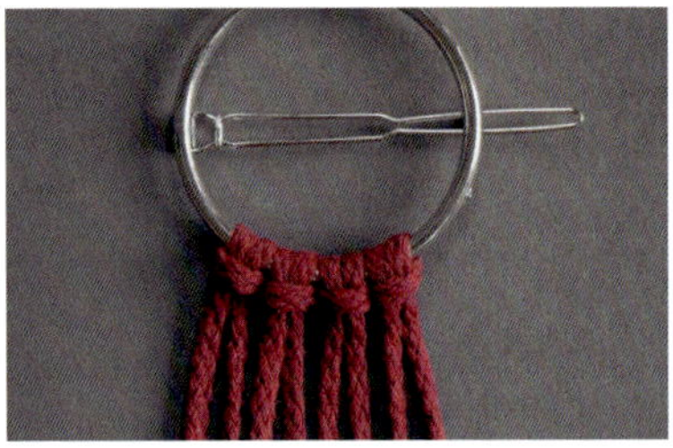

2 In der ersten Reihe werden mit allen acht Strängen zwei Kreuzknoten nebeneinander geknotet.

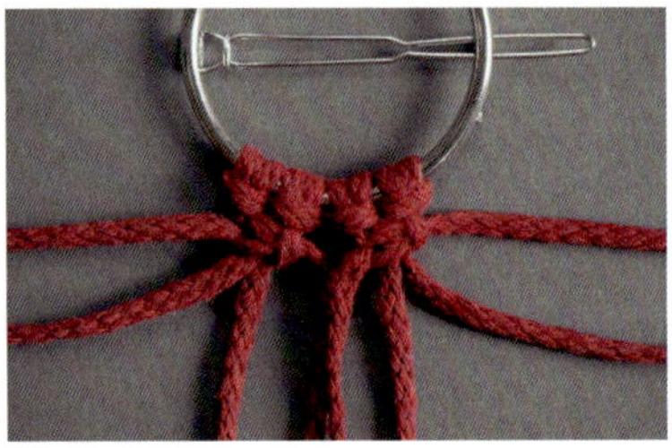

3 Es folgt eine abnehmende Reihe mit einem versetzten Kreuzknoten. Legen Sie dazu auf beiden Seiten zwei Stränge zur Seite und knoten Sie mit den restlichen vier Strängen einen Kreuzknoten.

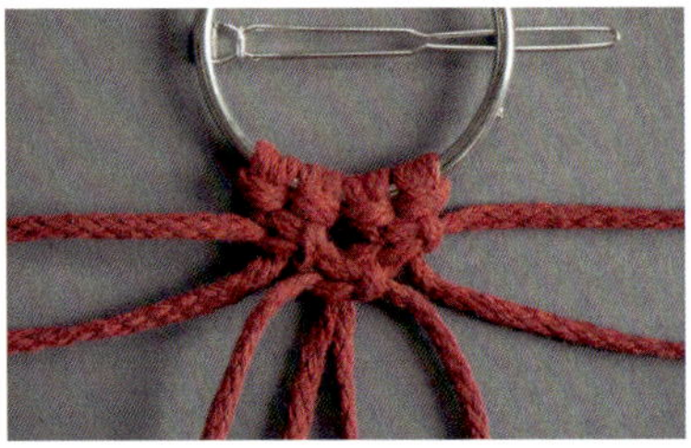

4 Nun knoten Sie eine Reihe Rippenknoten. Teilen Sie die Stränge in der Mitte auf und legen die vier Stränge der linken Seite weg. Nehmen Sie den obersten Faden der rechten Seite als Trägerfaden und halten Ihn Richtung Spitze des Dreiecks. Knoten Sie mit den restlichen drei Strängen eine Reihe Rippenknoten.

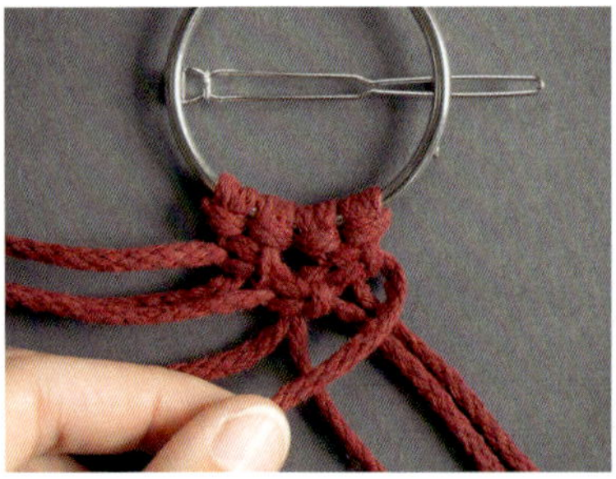

5 Wiederholen Sie Schritt 4 für die linke Seite. Verbinden Sie die Reihe Rippenknoten an der Spitze, in dem Sie den Trägerfaden der rechten Seite als zusätzlichen und letzten Faden der linken Rippenknotenreihe verwenden.

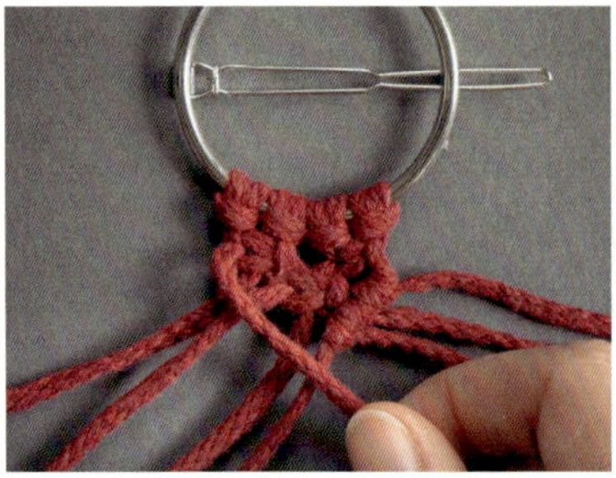

6 Das Muster endet mit einer verkürzten Reihe Rippenknoten. Nun fungiert der zweite Faden von oben als Trägerfaden für die rechte und linke Seite. Gehen Sie sonst so vor, wie in Schritt 4 und 5.

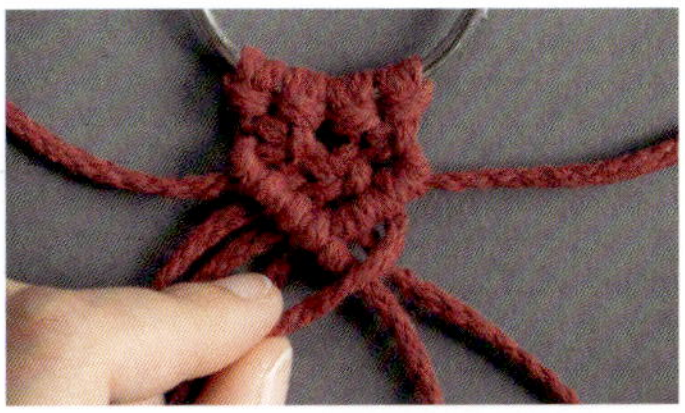

7 Kürzen Sie die Enden auf etwa 2 cm und kämmen sie die Fransen auf.

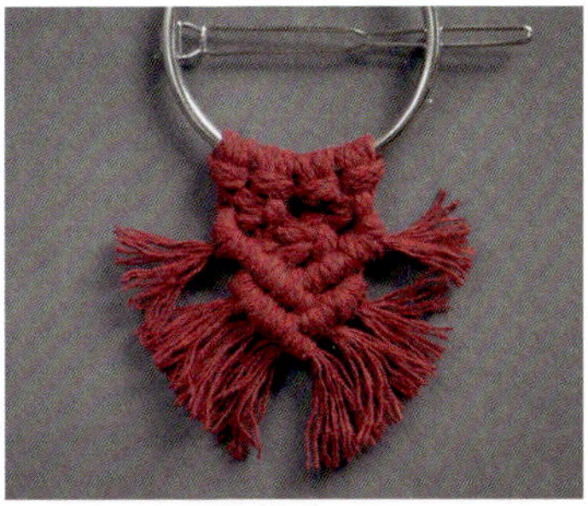

Mein Tipp für Sie

Das Muster sieht auch an anderen Haarclips oder an einem Zopfgummi toll aus.

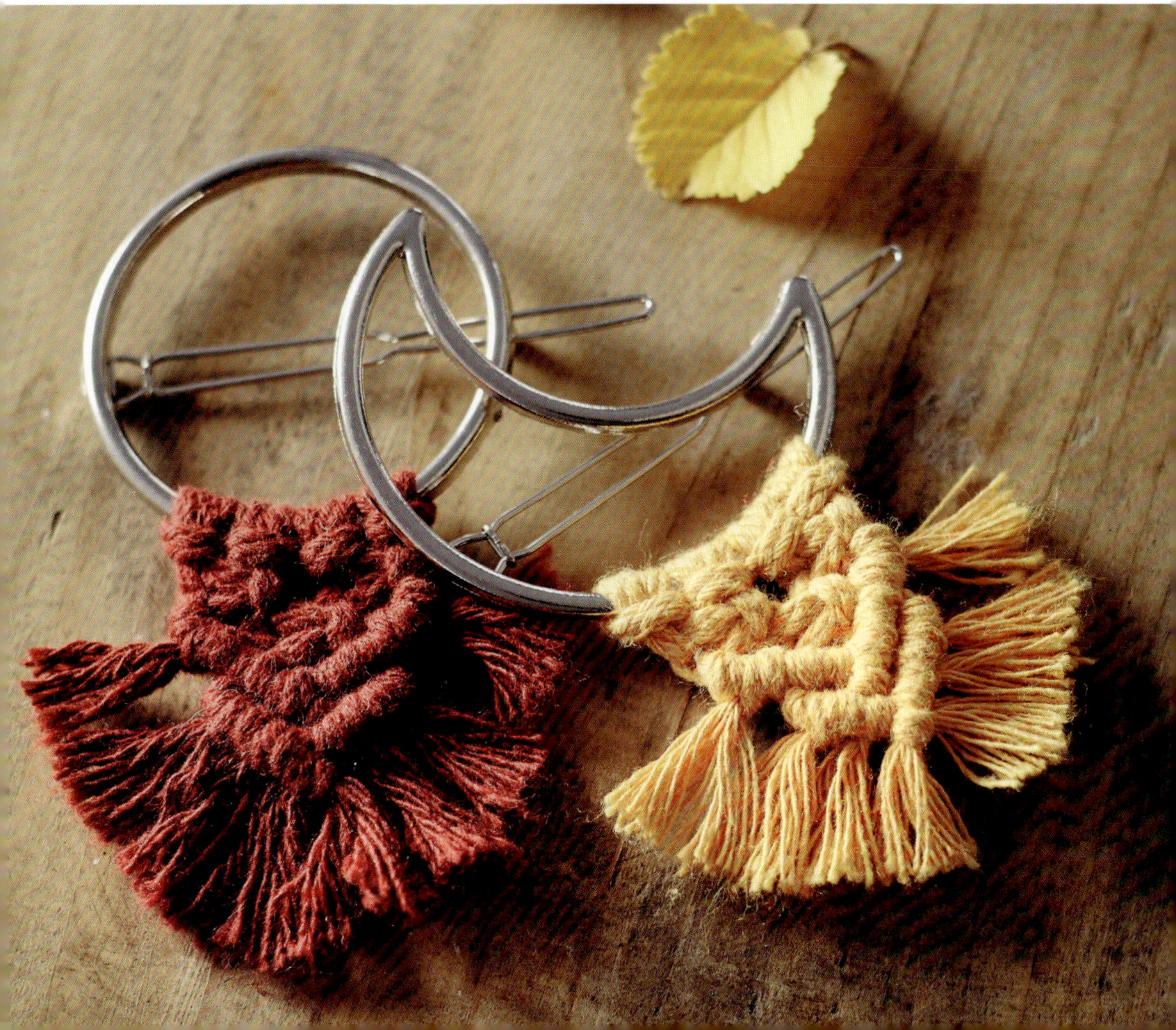

Creolen

im Fransenlook

MOTIVHÖHE
- ca. 7 cm

MATERIAL
- 8 Baumwollfäden in Altrosa, geflochten, ø 3 mm, 35 cm lang (4 pro Creole)
- 2 Creolen in Bronze, ø 3,5 cm
- Schere
- Kamm

1 Die vier Fäden werden mit dem von vorne geknoteten Ankerknoten an den Creolen befestigt. Achten Sie darauf, dass Sie die Creolen spiegelverkehrt vor sich legen, bevor Sie die Fäden befestigen, damit später beim Tragen das Muster an beiden Ohrringen in die richtige Richtung zeigt.

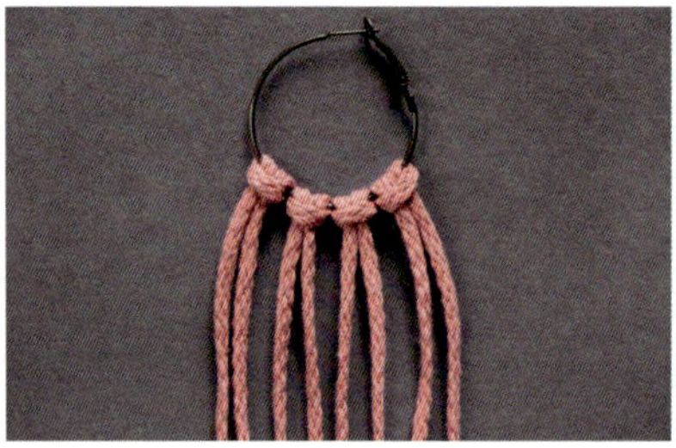

2 Teilen Sie die acht Stränge in der Mitte auf und legen Sie die vier rechten Stränge beiseite, sodass nun vier Stränge vor Ihnen liegen. Nehmen Sie den äußeren Strang der linken Seite und halten ihn entlang der Ankerknoten in die Mitte. Knoten Sie mit den restlichen drei Strängen eine Reihe Rippenknoten.

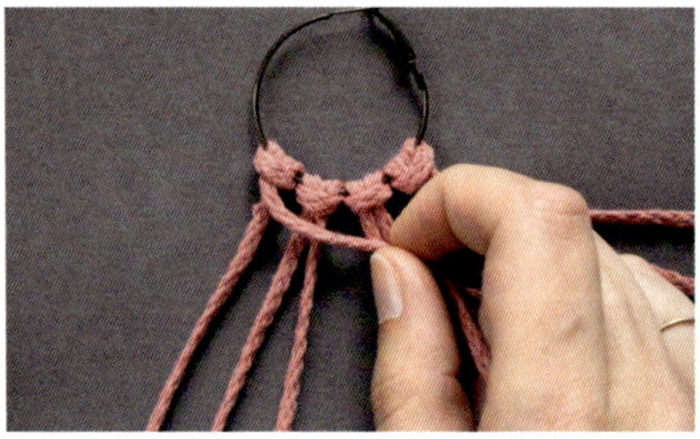

3 Es folgt eine zweite Reihe Rippenknoten. Dafür fungiert der zweite Faden von oben als Trägerfaden. Der oberste Faden bleibt ungeknotet. Es wird mit den restlichen zwei Strängen eine Reihe Rippenknoten geknotet.

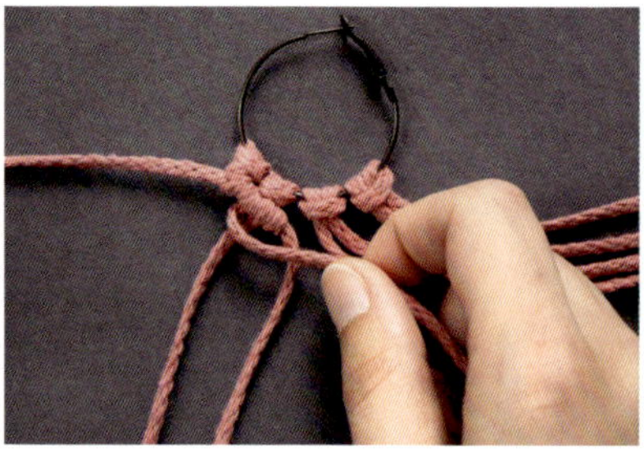

4 Wiederholen Sie Schritt 2 und 3 für die rechte Seite. Die zweite Reihe Rippenknoten auf beiden Seiten wird nun an der Spitze verbunden, in dem der Trägerfaden der linken Seite als zusätzlicher und letzter Arbeitsfaden der rechten Rippenknoten-Reihe fungiert.

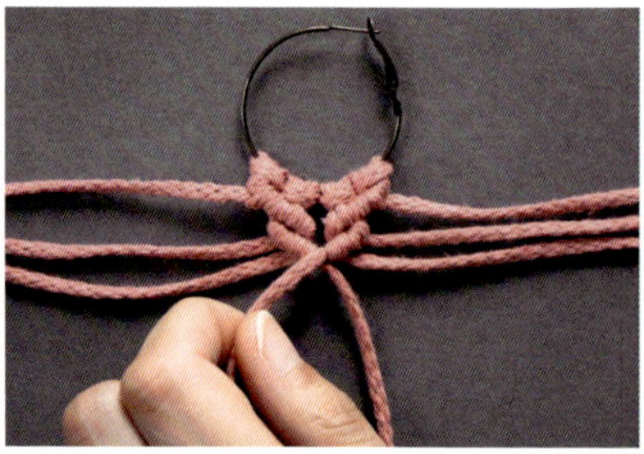

Mein Tipp für Sie

Dieses Muster macht sich auch schön als Kette. Nehmen Sie dazu einen Ring mit ø 3,5 cm und befestigen Sie diesen an einer handelsüblichen Kette oder knoten Sie selbst Schnüre an wie bei unserer langen Kette (s. Seite 34).

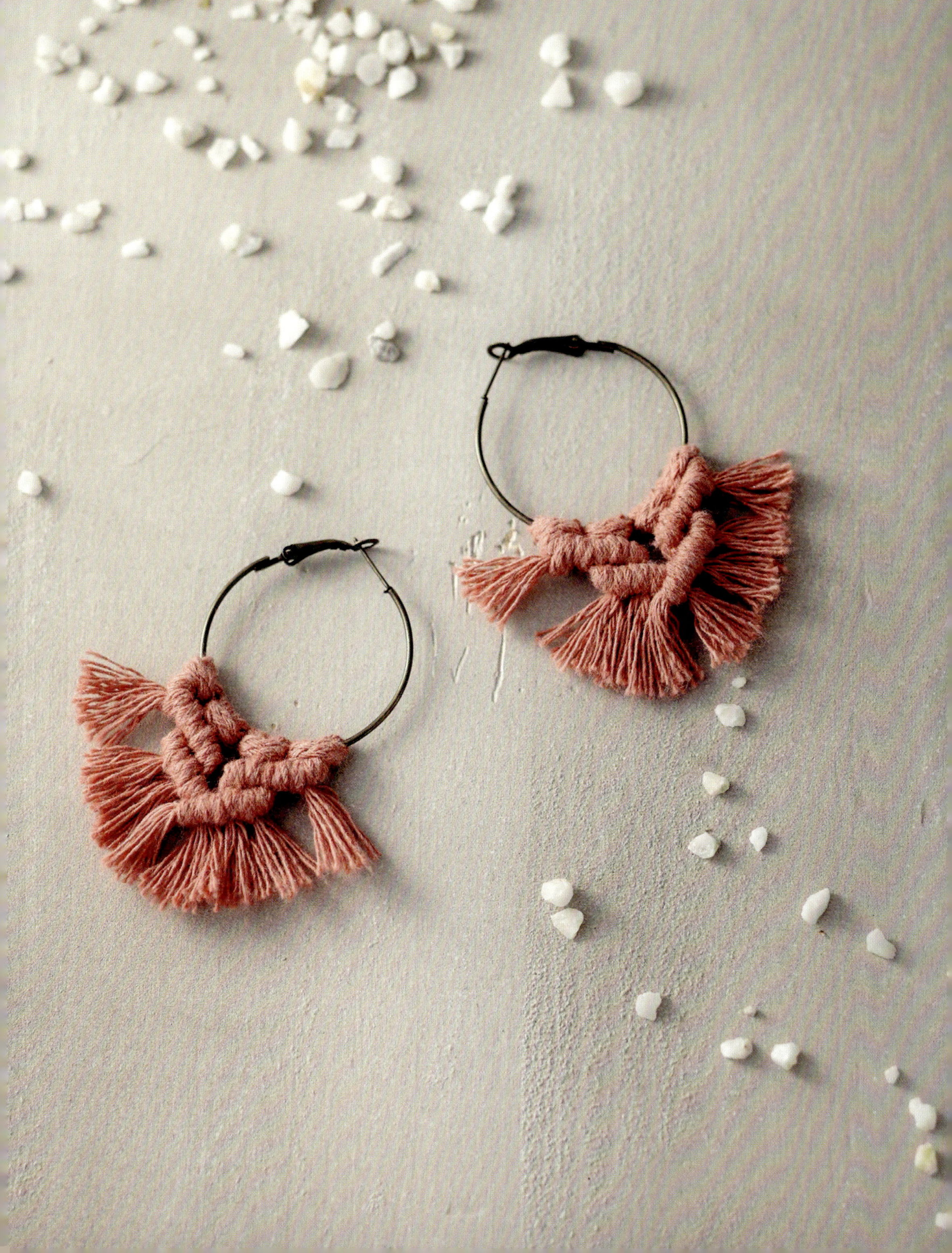

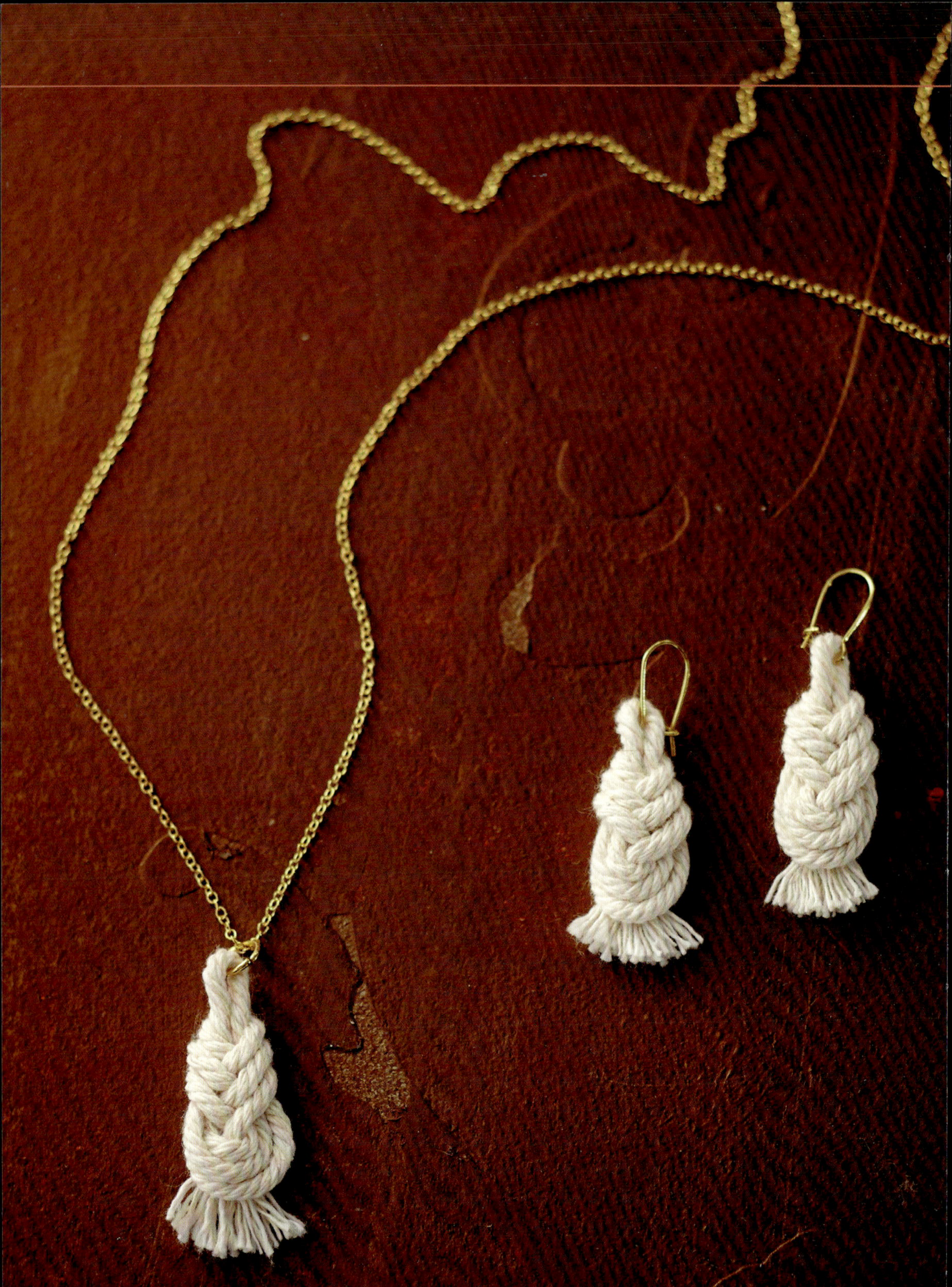

Schmuckset Pipa

schmückende Knoten

MOTIVHÖHE

- ca. 5 cm (Knoten)

MATERIAL

- 3 Baumwollfäden in Natur, mehrfach gezwirnt, ø 3 mm, 35 cm lang (einen pro Knoten)
- Kette in Gold, 80 cm
- 2 Ohrhaken in Gold
- 3 Biegeringe in Gold (jeweils einen pro Ohrring/Kette)
- Schere
- Textilkleber
- Zange

1 Legen Sie eine Schlaufe, sodass das längere Ende links über dem kurzen Ende liegt und das kurze Ende mit Schlaufe etwa 7 cm lang ist.

2 Führen Sie das lange Ende nach rechts über das kurze Ende, sodass eine zweite, größere Schlaufe unten entsteht.

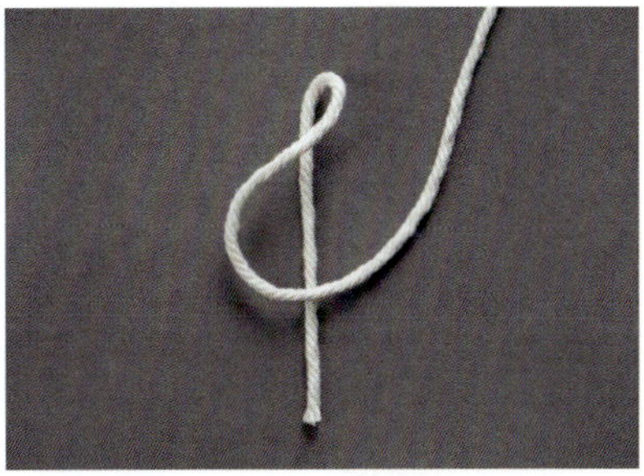

3 Der Faden wird nach oben links um die erste kleinere Schlaufe gelegt und nach unten geführt. Er folgt dabei der schon gelegten großen Schlaufe und verläuft innen.

4 Wiederholen Sie Schritt 3 weitere zwei Male. Beim letzten Mal wird das Ende des Fadens durch das kleine Loch in der Mitte geführt und die Enden auf die gewünschte Länge gekürzt.

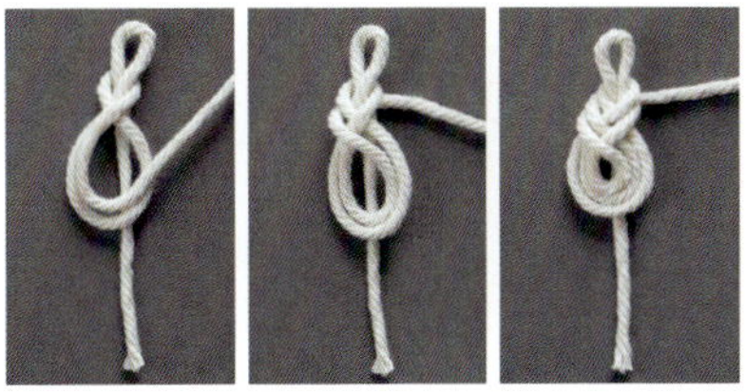

5 Ziehen Sie die Schlaufen vorsichtig in Form, sodass ein stabiler Knoten entsteht. Zu Beginn braucht man dafür ein bisschen Übung. Damit der Knoten nicht aufgehen kann, fixieren Sie die Enden auf der Rückseite mit Textilkleber.

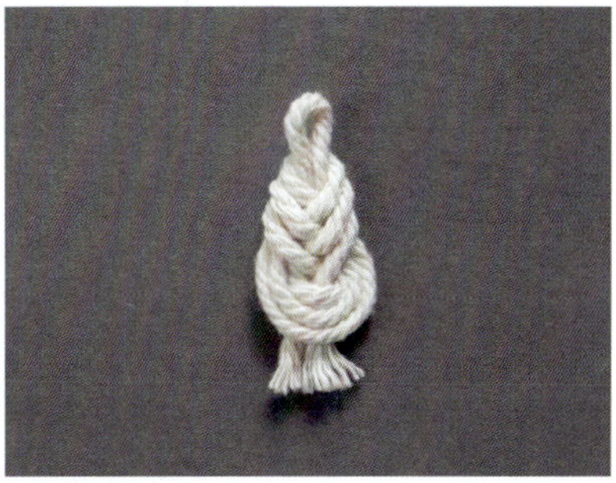

6 Knoten Sie den Pipa-Knoten drei Mal für das Schmuckset. Hängen Sie jeweils einen Pipa-Knoten in einen Ohrhaken als Ohrring. An der oberen Schlaufe des dritten Pipa-Knotens wird ein Biegering befestigt und eine Kette durchgezogen. Die Kette kann entweder durch ihre Glieder miteinander verbunden werden, durch einen weiteren Biegering oder durch einen Karabinerschluss.

Mein Tipp für Sie

Der Pipa-Knoten macht sich auch schön an einem Choker.

Statement-Kette

Eyecatcher in jedem Outfit

MOTIVHÖHE

- ca. 11,5 cm (nur Anhängermuster)

MATERIAL

- 10 Baumwollfäden in Hellgrau, geflochten, ø 3 mm, 65 cm lang
- Baumwollfaden in Hellgrau, geflochten, ø 3 mm, 70 cm lang
- Holzperle, ø 1 cm, Loch ø 3 mm
- Schere

1 Die zehn kürzeren Baumwollfäden mittig an dem langen Baumwollfaden mit dem von vorne geknoteten Ankerknoten befestigen.

2 Knoten Sie mit den mittleren acht Strängen zwei Kreuzknoten nebeneinander.

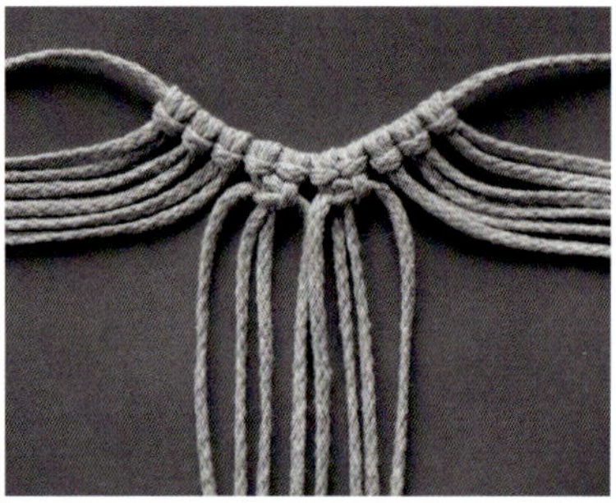

3 Legen Sie von den acht Strängen auf beiden Seiten zwei Stränge zur Seite. Knoten Sie mit den mittleren vier Strängen einen Kreuzknoten versetzt zu den Kreuzknoten der Reihe zuvor.

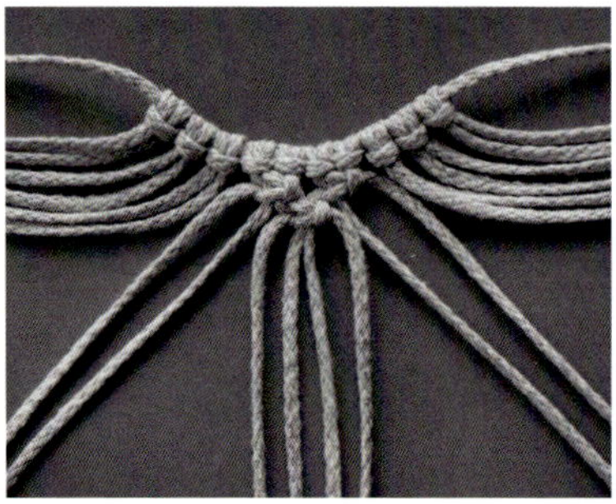

4 Es folgt eine Reihe Rippenknoten. Dazu die acht Stränge in der Mitte teilen, sodass auf beiden Seiten des Kreuzknoten-Dreiecks vier Stränge liegen. Nehmen Sie auf der linken Seite einen neuen Faden von den bisher ungeknoteten Fäden dazu. Dieser Faden fungiert als Trägerfaden für die linke Kante des Dreiecks. Knoten Sie mit den vier Strängen der linken Seite eine Reihe Rippenknoten.

5 Wiederholen Sie Schritt 4 für die rechte Seite des Dreiecks. Um die Reihe Rippenknoten an der Spitze des Dreiecks zu verbinden, fungiert der Trägerfaden der linken Seite als zusätzlicher, fünfter Arbeitsfaden der rechten Seite.

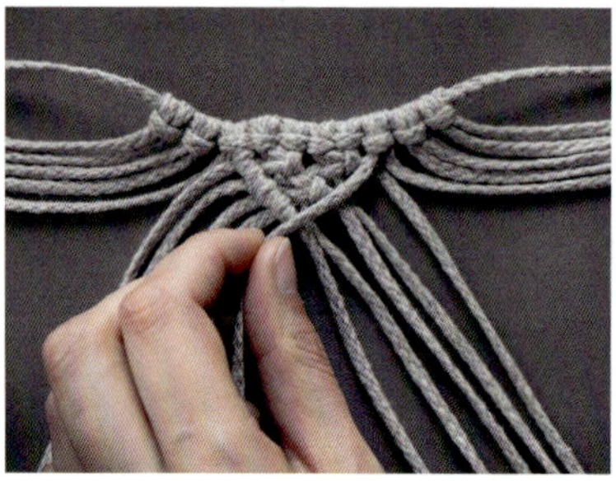

6 Knoten Sie mit den vier bisher ungeknoteten Strängen auf der linken Seite des Dreiecks einen Kreuzknoten. Legen Sie die restlichen Stränge am besten zur Seite, damit Sie nicht durcheinander kommen. Nun müsste auf der linken Seite nur noch der äußerste Strang ungeknotet sein.

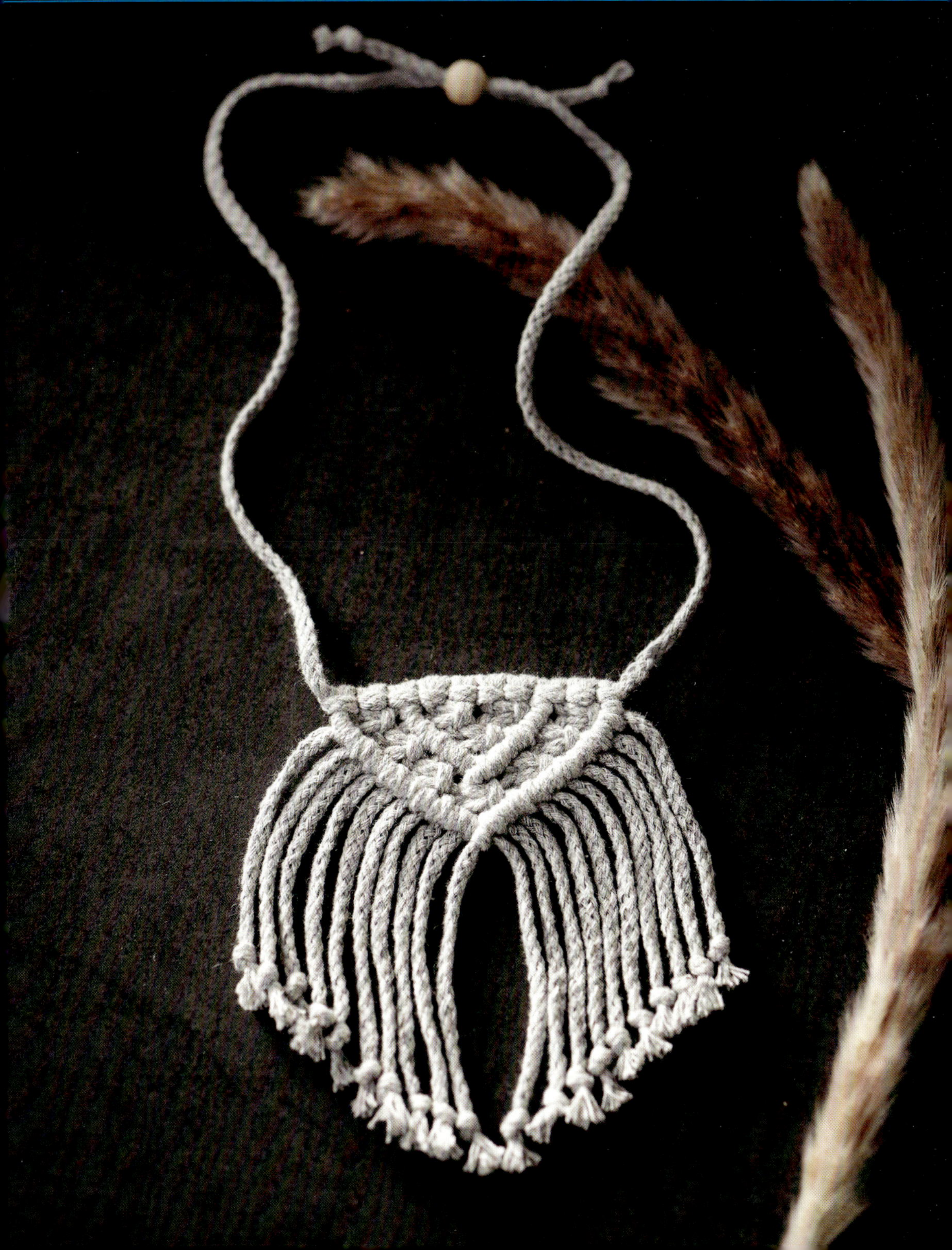

7 Legen Sie die beiden linken Stränge des eben geknoteten Kreuzknotens beiseite und nehmen Sie vom Dreieck zwei Stränge dazu, sodass nun wieder vier Stränge vor Ihnen liegen. Damit einen Kreuzknoten knoten.

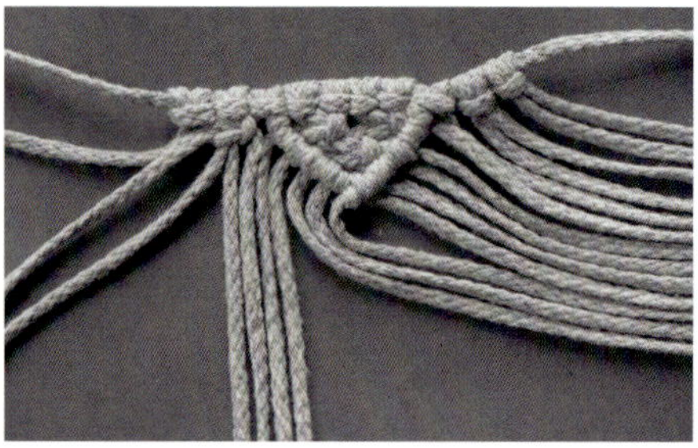

8 Wiederholen Sie Schritt 7, sodass nun drei Kreuzknoten die linke Flanke des Dreiecks schmücken.

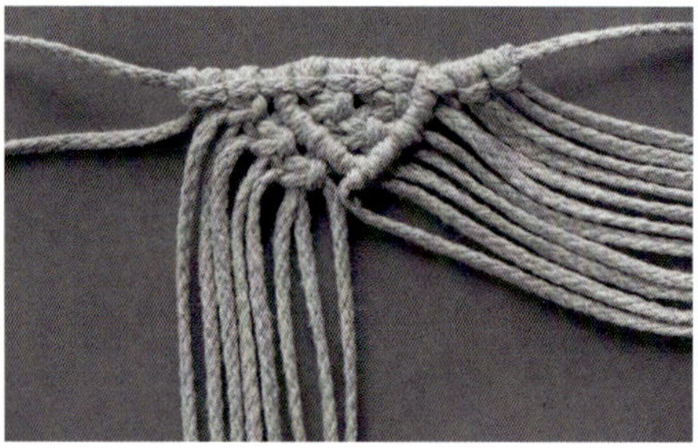

9 Wiederholen Sie Schritt 6–8 auf der rechten Seite des Dreiecks. Danach folgt ein Kreuzknoten an der Spitze des Dreiecks mit den vier mittleren Strängen.

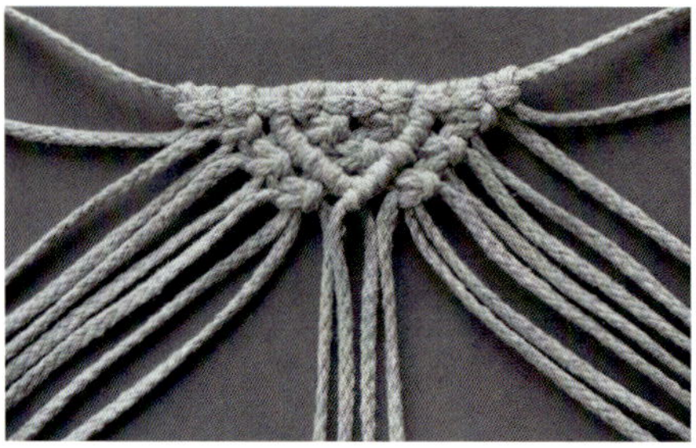

10 Eine Reihe Rippenknoten außen entlang des Dreiecks knoten. Die beiden äußeren, bisher ungeknoteten Stränge fungieren dabei als Trägerfaden die restlichen Stränge als Arbeitsfäden. Verbinden Sie die Reihe Rippenknoten an der Spitze wie in Schritt 5 beschrieben.

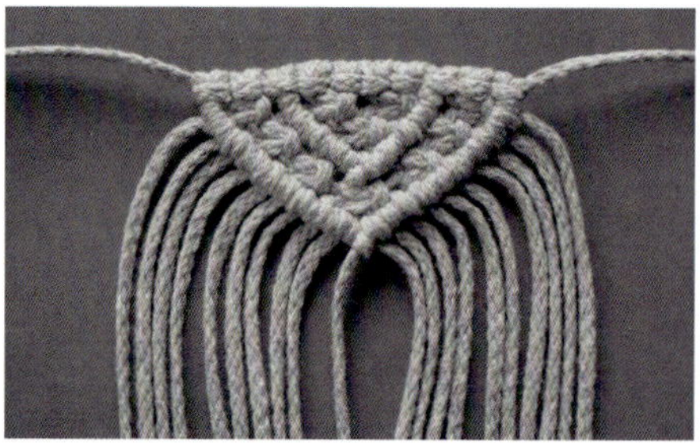

11 Knoten Sie in jeden Strang etwa 7 cm vom Muster entfernt einen normalen Knoten. Diese Knoten ergeben dann ebenfalls ein spitz zulaufendes Muster.

12 Die Statement-Kette erhält einen größenverstellbaren Verschluss, damit Sie sie sich bequem über den Kopf ziehen können. Führen Sie dazu die Strangenden entgegengesetzt durch die Holzkugel und setzen Sie einen Knoten an beide Enden. Die Enden auf etwa 0,5 cm kürzen. Achten Sie darauf, dass Sie die Knoten so setzen, dass es Ihnen möglich ist, die Kette über den Kopf zu ziehen.
An den Enden ziehen, um die Größe einzustellen.

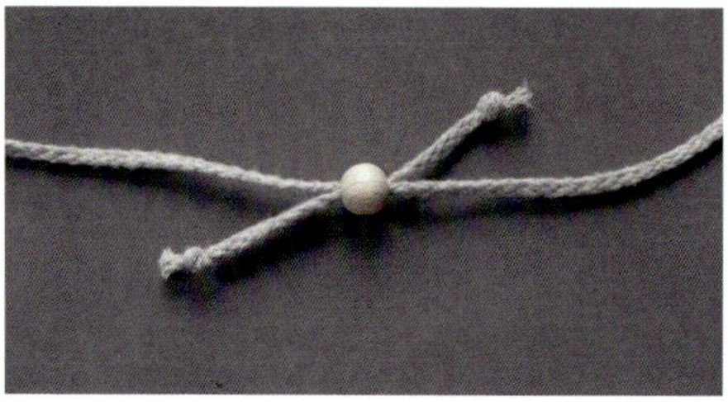

Armreif mit Kreuzknoten-Applikation

sommerlich leicht

MOTIVBREITE
- ca. 0,7 cm

MATERIAL
- 1 Baumwollfaden in Natur, mehrfach gezwirnt, ø 2 mm, 70 cm lang
- Armreif, 2–3 mm dick, ø 7 cm
- Schere
- Sticknadel

1 Legen Sie den Faden unter den Armreif, sodass der Armreif mittig auf dem Faden liegt.

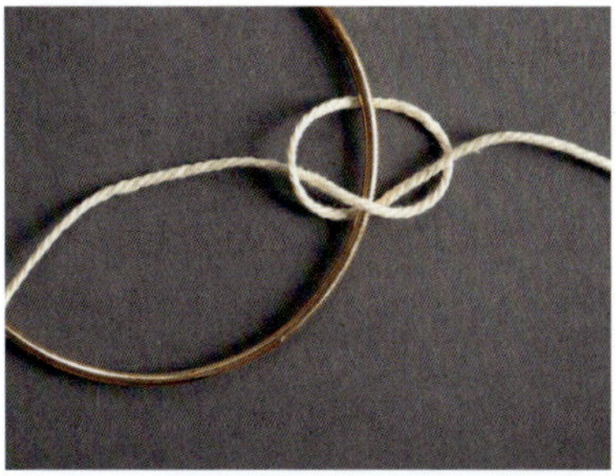

2 Direkt untereinander elf Kreuzknoten knoten.

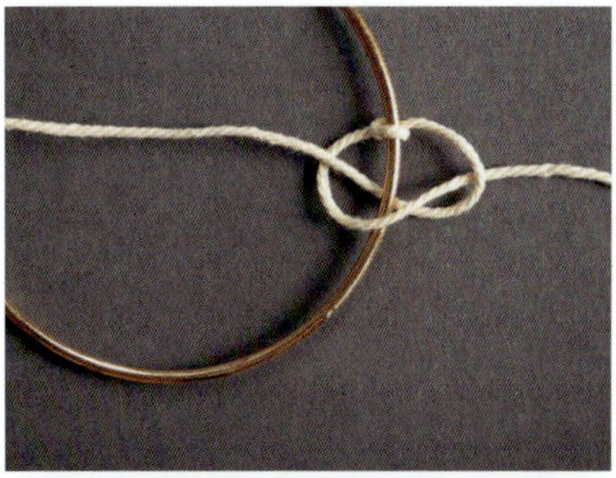

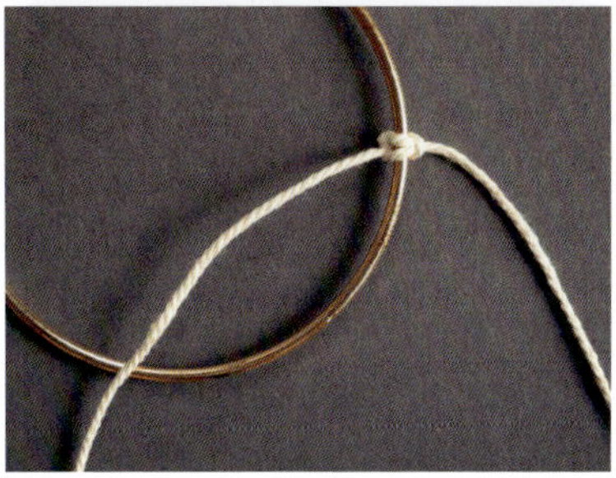

3 Vernähen Sie die Enden unter dem Muster und kürzen Sie diese.

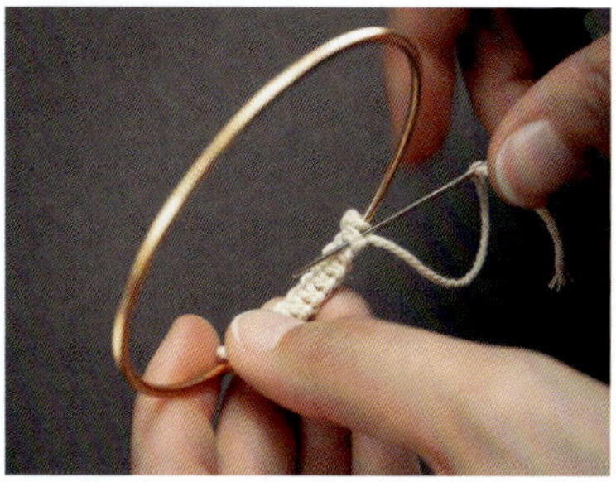

Armreif mit gedrehtem Strang

sommerlich verspielt

MOTIVBREITE

- ca. 0,7 cm

MATERIAL

- 1 Baumwollfaden in Natur, mehrfach gezwirnt, ø 2 mm, 3 m lang
- Armreif, 2–3 mm dick, ø 7 cm
- Schere
- Sticknadel

1 Legen Sie den Faden unter den Armreif, sodass der Armreif mittig auf dem Faden liegt.

2 Betrachten Sie beide Enden als zwei Arbeitsfäden und den Armreif als Trägerfaden. Knoten Sie nun den Wellenknoten so lange untereinander, bis der Armreif unter dem Muster verschwunden ist.

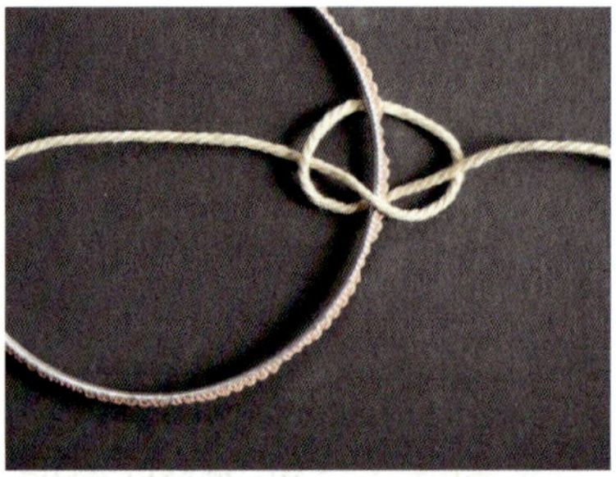

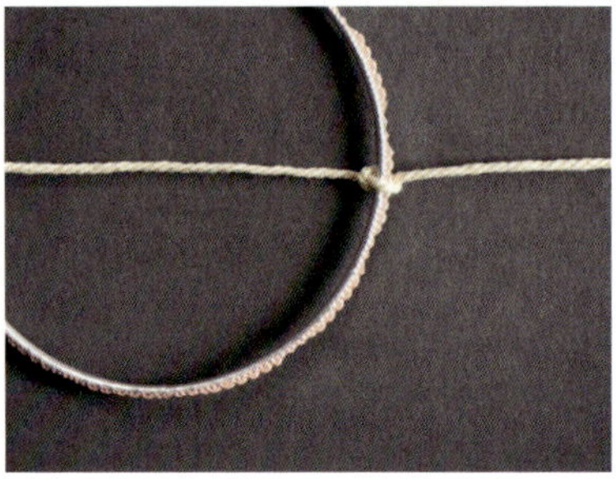

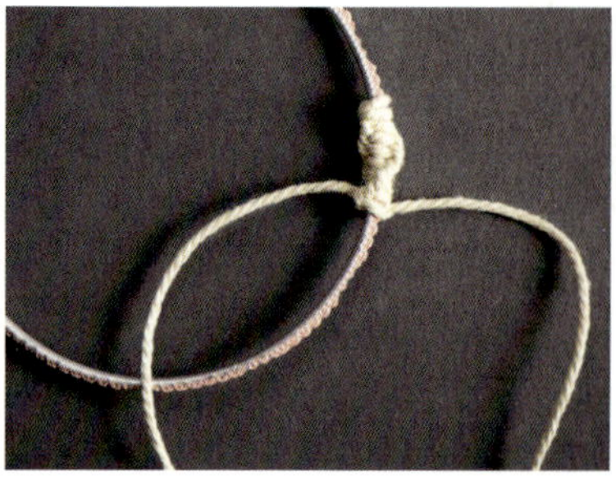

3 Die Enden unter dem Muster vernähen und abschneiden. Drehen Sie zum Schluss das Muster so entlang des Armreifs, das es nahtlos ineinander übergeht.

Mein Tipp für Sie

Sie können den Strang anschließend noch ein bisschen in Form drehen.

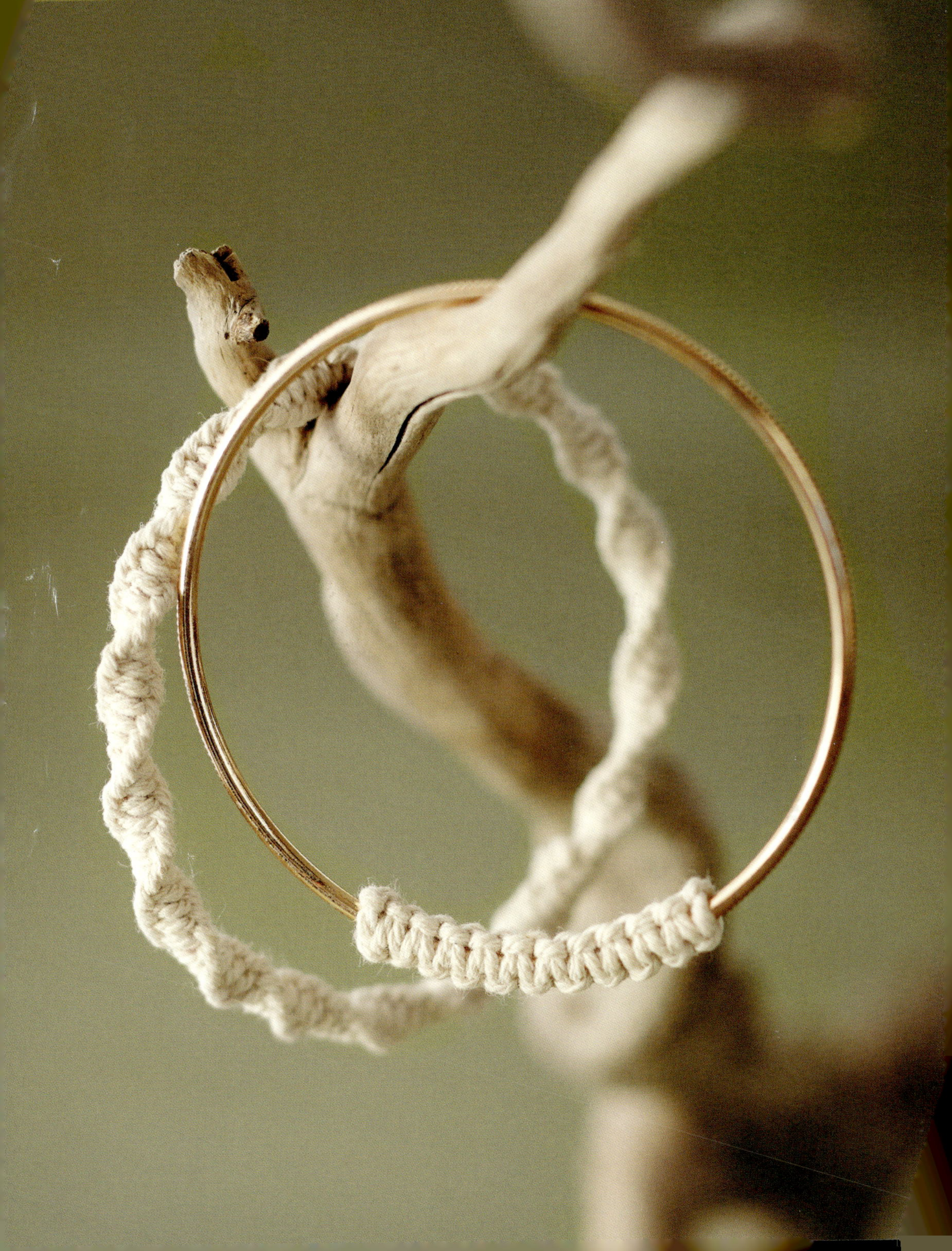

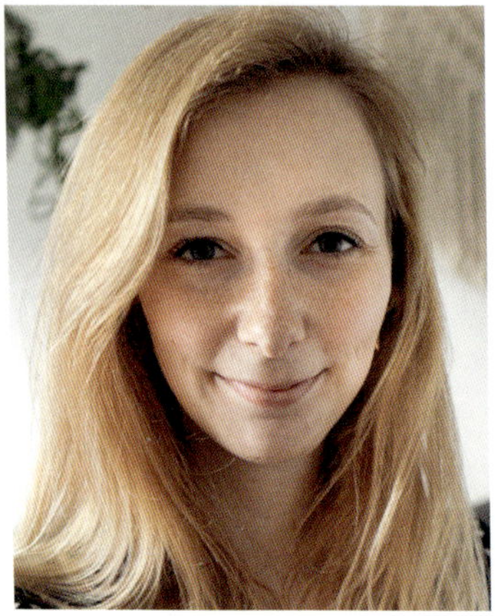

Josephine Kirsch
Ich bin DIY-Bloggerin auf Yeah Handmade und teile meine kreativen Ideen zu den Themen Dekoration, Geschenke, Makramee & Co. Auf meinem Instagram Account @yeah_handmade lasse ich meine Leser an meinem kreativen Chaos teilhaben. Schon in meiner Kindheit habe ich Armbänder geknüpft, doch erst durch den wiederkommenden Makramee Trend in den letzten Jahren, bin ich der Technik komplett verfallen. Ich probiere mich gerne an neuen Mustern und Formen aus. Makramee ist die perfekte Entschleunigung für mich. Meine Makramee Kunstwerke teile ich auf meinem Instagram Account @yeah_makramee.

DANKE

Herzlichen Dank an die Firmen Seilwerk Paul Dittus GmbH (www.pferdeseile.de, Instagram @makramee_madeingermany), Rico Design sowie Buttinette für die freundliche Bereitstellung von Materialien.

TOPP – Unsere Servicegarantie

WIR SIND FÜR SIE DA! Bei Fragen zu unserem umfangreichen Programm oder Anregungen freuen wir uns über Ihren Anruf oder Ihre Post. Loben Sie uns, aber scheuen Sie sich auch nicht, Ihre Kritik mitzuteilen – sie hilft uns, ständig besser zu werden.

Bei Fragen zu einzelnen Materialien oder Techniken wenden Sie sich bitte an unseren Kreativservice, Frau Erika Noll.
mail@kreativ-service.info
Telefon 07 11 / 123 757 20

Das Produktmanagement erreichen Sie unter:
pm@frechverlag.de
oder:
frechverlag
Produktmanagement
Turbinenstraße 7
70499 Stuttgart
Telefon 07 11 / 8 30 86 68

LERNEN SIE UNS BESSER KENNEN! Fragen Sie Ihren Hobbyfach- oder Buchhändler nach unserem kostenlosen Magazin **Meine kreative Welt.** Darin entdecken Sie zweimal im Jahr die neuesten Kreativtrends und interessantesten Buchneuheiten.

Oder besuchen Sie uns im Internet! Unter **www.topp-kreativ.de** können Sie sich über unser umfangreiches Buchprogramm informieren, unsere Autoren kennenlernen sowie aktuelle Highlights und neue Kreativtechniken entdecken, kurz – die ganze Welt der Kreativität.

Kreativ immer up to date sind Sie mit unserem monatlichen **Newsletter** mit den aktuellsten News aus dem frechverlag, Gratis-Bastelanleitungen und attraktiven Gewinnspielen.

IMPRESSUM

FOTOS: frechverlag GmbH, 70499 Stuttgart; lichtpunkt, Michael Ruder, Stuttgart; Josephine Krisch (alle Schrittfotos)
PRODUKTMANAGEMENT UND LEKTORAT: Sonja Fakler
COVERGESTALTUNG: Sandra Preinl
SATZ: Fotosatz H. Buck, Kumhausen
DRUCK UND BINDUNG: POLYGRAF PRINT spol. s r.o.

3. Auflage 2022

ISBN 978-3-7724-4384-4 • Best.-Nr. 4384

SIMPLISSIME

Toskana

DER PRAKTISCHSTE REISEFÜHRER DER WELT

EINFACH LOS!

BRUCKMANN

WAS IST DAS BESONDERE AN DIESEM REISEFÜHRER?

– Es ist ein Reiseführer für alle Reisenden und alle Arten von Reisen: mit der Familie oder mit Freunden, für jedes Budget, mit dem Auto oder mit öffentlichen Verkehrsmitteln.
– Sie finden sämtliche Informationen, die Sie brauchen, um Ihren Urlaub gut vorzubereiten.
– Es ist ein Buch, das sich auf das Wesentliche einer Reise konzentriert, damit Sie nichts von dem verpassen, was man unbedingt gesehen haben muss.
– Das Buch hat eine Autorin, die ihre Lieblingsadressen nennt: Restaurants mit lokalen Spezialitäten, Bars und Cafés für entspannte Pausen, die lohnendsten Sehenswürdigkeiten und vieles andere mehr.

Dieses Buch besteht aus vier Teilen:

• **Praktische Infos** zum Reiseziel: Klima, Gesundheit, Lebenshaltungskosten, Transport, Unterkunft und mehr – alle praktischen Dinge, die Sie zur Vorbereitung Ihres Urlaubs und für eine entspannte Zeit vor Ort benötigen.
• Die **Themen der Region:** Dieser Abschnitt hilft Ihnen bei der Planung Ihrer Reise. Suchen Sie sich hier Ihre persönlichen Highlights aus.
• **Touren und Reisetipps:** In der Tour zu den Klassikern der Toskana (Florenz, Pisa und Siena) wird jeder Ort ausführlich mit **Zwischenstopps** beschrieben. Sie erhalten Tipps für Besichtigungen und Aktivitäten, gute Adressen und **detaillierte Routen**, um von einem Zwischenstopp zum anderen zu gelangen. Karten und Stadtpläne unterstützen Sie dabei. Manchmal schlagen wir auch vor, einen Abstecher in Form eines **Tagesausflugs** zu machen. Drei Reisetipps führen in interessante Regionen (Chianti, Val d'Orcia und die Küste) mit einer Reihe von Tagesausflügen.
• Ein sehr praktisches **Register**, das viele nützliche Informationen und Öffnungszeiten für einzelne Sehenswürdigkeiten auflistet.

Womit anfangen?

Wählen Sie die Region der Toskana, die Sie besuchen möchten: **Tour 1** (Die Klassiker der Toskana: Florenz, Pisa und Siena, S. 46); **Reisetipp 1** (Chianti, S. 100), **Reisetipp 2** (Val d'Orcia, S. 122) oder **Reisetipp 3** (Die Küste, S. 142).

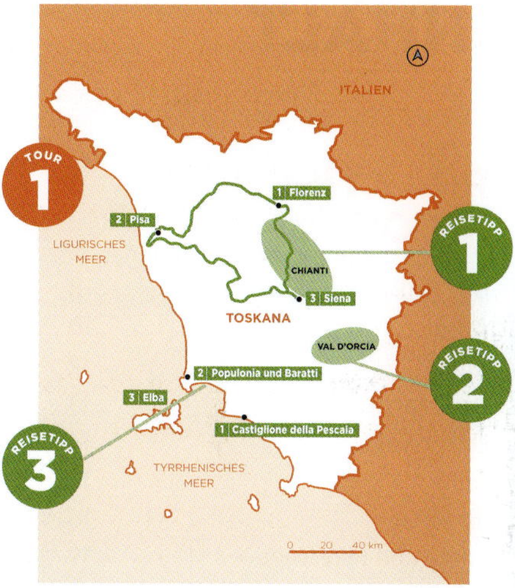

Vor der Abreise

Buchen Sie Ihren Flug (S. 10) und Ihre Unterkunft (S. 13) entsprechend den vorgeschlagenen Zwischenstopps. Die Flüge und Entfernungen sind ab Frankfurt angegeben, die Einreiseformalitäten gelten für deutsche Staatsangehörige.

Öffnungszeiten

Sind Sehenswürdigkeiten an bestimmten Tagen geschlossen, vermerken wir dies. Weitere Informationen finden Sie im Register oder auf der entsprechenden Internetseite.

Reservierungen

Für manche Sehenswürdigkeiten müssen Sie Tickets im Voraus buchen. Darauf weisen wir immer hin.

Sind Sie bereit? Dann lesen Sie weiter und genießen Sie Ihre Reise!

INHALT

PRAKTISCHE INFOS

DIE THEMEN DER REGION